同僚は外国人。

10年後、ニッポンの職場はどう変わる!?

大江戸国際行政書士事務所
細井聡

CCCメディアハウス

はじめに　私は外国人と向き合う最前線にいる

2018年12月、今まで外国人労働者を受け入れてこなかったわが国が、5年間で約35万人の外国人労働者を受け入れることを決定した。日本中を巻き込む大議論になったのはご承知のとおりだ。

ここでいう労働者とは、いわゆるブルーカラーと言われる人々である。日本人を雇うことが難しい業種では、労働力を外国人に頼らざるをえないため、産業界からの要請に応えて政府は受け入れを決定したわけである。ところが、いざ蓋を開けてみると、2019年に新在留資格である「特定技能」で日本に入国した外国人は、わずか400人だった。

外国人の受け入れに反対していた人たちは、この結果に胸をなでおろしているかもしれない。しかし、外国人は今後、本当にやってこないのだろうか。

労働者の受け入れが思うように進まない一方で、すでに多くの外国人が私たちの周囲にはいる。彼らはなぜこの国にいるのか？　彼らのあとに、日本に入ってくる外国人は続かないのだろうか？　まだまだ外国人は増えるのか？　増えるとすれば、どのように彼らと向き合っていくべきなのか？　増えないのであれば、本当にそれで良いのか？

これらの問題に対して、外国人労働者の受け入れが実際にスタートした今、もう一度冷静な議論をしてみるべきだろう。私たちは本当に外国人を必要としているのか。私たちに必要な外国人とは、どんな人々なのか。

そしてその先には、私たちの文化はどうなるのか、国とは何なのかという大きなテーマが横たわっているはずだ。

私は浅草で行政書士事務所を営んでいる。行政書士の仕事は幅広いが、私が主に扱っているのは、外国人が日本にいられるための手続き、出入国在留管理庁への申請手続きである。当然、多くの外国人が相談にやってくるし、外国人を使いたいという中小企業のオーナーからの問合せも多い。

「弁当屋を経営しているんですが、うちに来ているアルバイトを正社員にしたいんです。とってもよい子で、日本人より働く。彼もここで働きたいと言ってる。就労ビザっていうのをとってあげたいんだけど、やり方がわからないので教えてほしいんですよね」

「彼の仕事は？」

「お弁当を詰めたり、揚げ物もできる。私が配達に行ってる間、工場を仕切ってるのは彼だから、いてもらわないと困るんだよね」

おおかたの場合、経営者はその外国人が留学生でアルバイトをしていることは理解できている。今まで働けていたのだから、当然、今後も働けると考える。

しかし、今までは彼らをこの職種で就職させる手段はなかった。

「残念ながら、日本には工場の現場で働けるビザはないんですよ」

「そんなことはないでしょ、あっちもこっちもみんな外国人だらけだし」

なかには怒り出す人もいた。私たち行政書士に怒られても、残念ながら何もできないが、すでに多くの外国人が私たちの周りで働いているのだから、怒りたくなるのももっともである。

そもそも、彼らはいったい何者なのか、なぜ働けているのか、多くの日本人は知らない。実は、当の外国人も自分の立場をよくわかっていなかったりする。だから問題が起きる。

本書では、在日外国人についての問題全般を取り上げるが、先に結論を一つだけ申し上げておく。

10年後、20年後、いや5年後かもしれない、「同僚は外国人」という時代が、すぐそこまで来ているだろうということだ。日本には、それを受け入れなければならない現実がある。それは避けては通れない道である。

外国人労働者の受け入れには猛反対しながら、外国出身のラガーマンの活躍には胸を熱くする。多くの日本人は、「良い外国人には来てほしいが、悪い外国人には来てほしくない」と漠然と思っている。この点は、彼らのおかげで飯を食えている私たち行政書士もたいして変わらない。出入国在留管理庁も同じ姿勢で審査をしている。

それでは、本当に悪い外国人がたくさん日本に入ってきているのか？　だとすれば、なぜ悪い外国人が入ってくるのか？

ある人は、もっと水際で食い止めるように頑張れという。出入国在留管理庁に申請を出し、しばしば却下の憂き目にあっている私からみたら、出入国在留管理庁は腹が立つくらいよくやっている。それでも、悪い外国人はやってくる。

私は外国人を日本に入れるのが仕事だから、外国人に甘いだろうと思われるかもしれない。しかし、「人をなめるのもいいかげんにしろ」というような外国人に出会う機会は、私たちの方がむしろ多い。

外国人行政の将来を考えるためには、現在行なわれている日本のビザの仕組みについても、多少知っていただく必要がある。日本の外国人行政は複雑だ。それを厳密に理解するためには、法律書を手に取っていただくしかない。

本書では、外国人が日本にいられる仕組みや過程をできるだけ簡潔に説明しつつ、外国人との関わりの中で、日本社会はどこへ向かっていくのか、どうすべきなのか、私なりの考えをお伝えしたいと思う。

装丁・本文デザイン　轡田昭彦＋坪井朋子
編集協力　株式会社ネオパブリシティ
校正　株式会社円水社

同僚は外国人。

10年後、ニッポンの職場はどう変わる!?

目次

第1章　実は誰もわかってない!? 外国人労働者ってなんだ！

第2章　現代外国人労働者事情

第３章　実は勤勉で優秀な外国人労働者たち

第4章

「特定技能」導入で露呈した日本の強みと弱み

第5章 外国人をめぐる諸問題

第6章 「共生」への処方箋——私の考え

第7章 10年後の同僚は外国人ばかり?

第１章

実は誰もわかってない!?外国人労働者ってなんだ！

なぜ「彼ら」は日本にいることができるのか

まず、外国人が日本にいられる仕組みを簡単に解説しておこう。本書の内容を読み進めていただくための最低限の説明なので少々乱暴だが、ニュアンスだけでもつかんでいただければと思う。

外国人が日本にいるためには、何かしらの目的がなくてはならない。ただ「いたい」というだけでは、日本に滞在することはできないのだ。そして、その「目的」は日本国が許可した内容であり、具体的でなければならないし、もちろん事実でなければならない。

① 日本国が許可した目的である ＝ 活動の内容が、日本が受け入れた活動かどうか
② 具体的である ＝ 就職先や学校は決まっているか
③ 事実である ＝ 申請どおりの活動をしているか

この3つが揃わないと、日本ではビザが下りないし、更新もされない。

例えば、日本には多くの外国人留学生がいる。留学生の場合、目的は日本で勉強すること。日本は留学生を受け入れているので、これは許可された目的である。学校が決まっていれば、具体的だ。そして、真面目に学校に通っていれば、通学している事実があるのだから、すべての要件が満たされる。だから、日本にいることができる。

では、日本人と結婚した外国人に与えられる「日本人の配偶者等」という資格の場合はどうだろう。

① 日本国が許可した目的である ＝ 日本人との夫婦生活
② 具体的である ＝ 法的に結婚している
③ 事実である ＝ 実態としての結婚生活がある

わが国は、こういう外国人なら受け入れても良いだろうということが決まると、その目的に合わせて資格が作られる。この資格を「在留資格」という。外交官には「外交」、海外からやってくるジャーナリストには「報道」という在留資格が与えられる。

日本は長い間、労働者を受け入れてこなかったので、工場で働くため、飲食店で働くための在留資格は存在しなかった。２０１９年施行の改正入管法では、この在留資格を新たに創設した。それが、多くの企業が待望していた「特定技能」である。

「ビザ」と「在留資格」の違い

ビザというのは、正確には日本に入国するための通行許可証のようなもので、在留資格とは別だ。ビザは、各国にある大使館や領事館などの在外公館で審査され、発給される。観光のための短期滞在などの場合はこのビザだけで入国できる。

一方、日本に住もうとする外国人、お金を稼ごうとする外国人を審査するのは、出入国在留管理庁という法務省の外郭団体で、通称「入管」という。長期に滞在しようとする、あるいは短期であっても収入を伴う活動をする外国人については入管が審査をし、入管の発行する在留資格認定証明書に基づいて在外公館でビザが発給される。

ただ、私たち行政書士も、入管職員も、もちろん外国人も、「在留資格」を指して「ビザ」と呼んでいる。本書でも、「ビザ」といえば、特別な説明がないかぎり「在留資格」のことと思っていただいてよい。

この「在留資格」のとり方だが、例えば日本語学校への留学の場合、外国人が「日本で勉強したいです」と言ってみたところで、「はい、どうぞ」とはならない。まず、学校の入学許可が必要になる。その上で、学校が留学生の在留資格の申請をするのである。

この、学校のような立場の団体や個人を、ビザのスポンサーと呼んだりする。日本のビザを取得するには、観光目的を除き、このスポンサーが必要だ。日本人と結婚するのであれば、配偶者がスポンサーとなる。

そして、入管はスポンサーも審査する。例えば、外国人女性と結婚した日本人男性に収入が全くなく、これでは養ってはいけないと入管が判断すれば、在留資格は付与されない。これは企業が雇用する場合も同じで、その企業の財務状況なども審査される。

これまで日本に外国人労働者はいなかった？

日本には、すでに166万人の外国人労働者がいる（2019年10月現在）。しかし、法律に基づいた正規のブルーカラーの労働者は2019年までいなかった。

「そんなバカな」と思うかもしれない。だが、法律的にはいなかったのだ。いたのは、ホワイトカラーと呼ばれるネクタイを締めて働く人たち、もしくは、外国料理のコックのような技能専門職、そして外交、医療、宗教などの知識専門職だけなのだ。

唯一の労働者と言ってもよかったホワイトカラーの総合職の資格を「技術・人文知識・国際業務」という。みなさんの会社の海外部門に外国人がいれば、ほぼこの資格で日本に滞在していると考えていい。この資格には、なにか特別な制限などはない。仕事の内容が企業の総合職などで、大学を卒業していればすんなりともらえる。

ところが、多くの企業が求めてきたのは現場の労働者だ。そこで、在留資格をめぐって様々な悲喜劇が繰り返されてきた。その歴史を振り返ってみよう。

始まりはバブルの狂乱！ ３Ｋを支えた中東のあの国

１９８０年代後半、バブル景気まっただ中のことである。インターネット環境も整っていなかったが、どうやら日本の景気は良いらしい、働けるらしいという噂が海外に広がった。そんな噂にひきつけられて、観光ビザで入国してそのまま就労する外国人が急速に増えた。建築関係の現場で働く外国人が特に多かった。３Ｋという言葉が流行り始めたころである。３Ｋといっても、高学歴・高身長・高収入ではない。「きつい」「汚い」「危険」である。

例えば、建設現場や工場内のプレス工程、溶接、塗装といった仕事などは、いくら広告を打っても、少々高給を払っても、日本人を採用するのは至難の業だった。かなりの数の職場が、外国人労働者の世話になった。

なかでもいちばん記憶に残るのは、イラン人ではないだろうか。繁華街で偽造テレフォンカードを売っていた中東の人たちを覚えている方も多いと思う。この時代、イラン人へのビザを日本は免除していた。在留資格ではなく、いわゆる観光ビザである。そのため、彼らはパスポートさえあれば日本へ入国できたのだ。

当時、私は工場団地の中で自動販売機の整備工場を経営していたので、周囲にいろいろな外国人労働者がいた。知り合いにイラン人はいなかったが、マレーシアからきたインド人がおり、彼もやはり観光ビザで入国して働いていた。

そのころ、私は英語を使う機会がめっきりと減っていたので、彼らと英語で会話するのは貴重なトレーニングだった。なぜ日本にきたのかと聞いたら、「稼げるから」とシンプルな答えが返ってきた。日本に来る前はシンガポールにいたらしい。あちこちの国で出稼ぎしていたわけだ。彼らにとっては、日本もあちらこちらの国の一つでしかないのである。

不法滞在なのに今よりはるかにましだった彼らの待遇

彼らは会社が準備したアパートに数人でまとまって住み、休みの日には自由に旅行に行く。お土産を買ってきては、隣近所や仲間達に配り、コミュニケーションをとっていた。お昼に彼らの作ったインド料理をごちそうになったことがある。鯖をカレー風味のトマトで煮た料理はものめずらしく、大変おいしくいただいた。お礼に自分の作ったカレーを持っていった。「食べてみるか」と聞くと、一口食べて、自分たちの作るカレーとは違うが、これはこれでおいしいといって喜んで食べてくれたのを覚えている。

警察官が巡回してくることもあったらしいが、名前を確認するだけで、「火の元には気をつけて」と注意するくらいだったという。もちろん収容されることなどなかった。周りから苦情などが出なければ、警察官も何もしなかったのだ。今ほど不法滞在に対する取り締まりは厳しくなかったのである。ただ、今にして思うと、日本人に嫌われると通報されて収監されるかもしれないという恐怖が彼らをフレンドリーにさせていたのかもしれない。

不法滞在というと、安い給料でこき使われて、隠れるように暮らしているというイメージがあるだろう。私は彼らの給与明細をみたことがあるが、収入はけっして低くはなかった。働く前に、住む場所や労働時間、残業代などもしっかり交渉していた。アパート代は寮扱いで、作業着も提供され、なおかつ人並み以上の給料をもらっていたのである。もちろん源泉も引かれていた。待遇が悪ければ、さっさとよそへ行く。皮肉なことだが、今問題になっている技能実習生などより、はるかに人間的な生活をしていたし、大事にされていたのである。

なかには偽造テレフォンカードの販売に手を染めるような者もいたが、これも元をただせば異常に高かった当時の国際電話通話料をうかすためだったようだ。国際電話がかけられるのは、緑色の公衆電話だった。長々と家族と話す外国人が東京にたくさんいた時代である。

それが今では……不法滞在者たちの残酷物語

1992年ごろだったと思う。本格的に技能実習制度が運用されるあたりから、急に取り締まりが厳しくなったことで、不法滞在者は急激に減った。もちろん数の上で減ったのだが、彼らは人前から姿を消した。彼らは日本にとって「良い外国人」だったのだろうか、それとも「悪い外国人」だったのだろうか。

不法滞在者は現在もたくさんいる。ビザが更新されなかった留学生、技能実習の現場が苦しくて逃げ出した実習生、短期滞在で入国してそのまま居続けている者ももちろんいる。今いる不法滞在者の状況は、あの時代ほど長閑なものではない。お金に困り、犯罪に手を染めながら、普通の職場でしたたかに働き続けている外国人もいる。

私のところに相談にきたある外国人は、不法滞在の立場で20年以上も日本で働いていた。日本人の奥さんと結婚して子どもを授かったので、これを機会に在留資格をもらえないかという相談だった。

不法滞在者であっても、在留資格がもらえる方法はある。在留特別許可といって法務大臣の裁量的な処分によるもので、入管法の第50条に定められており、個々の事案ごとに判断される。在留を希望する理由、家族や生活状況、素行、国内外の情勢、その他諸々の事情。その外国人に対して人道的な配慮をする必要があるか、他の不法滞在者に及ぼす影響なども考慮される。彼のように日本人の配偶者との間で子どもがいるケースは、比較的認められやすい。

在留特別許可を得るためには、まず入管に出頭してもらう必要がある。不法滞在者として出頭し、仮放免という、いわば保釈にあたる申請をする。その上で在留特別許可が認められると、日本に滞在できる。

彼の場合、認められやすいとはいっても、絶対ではなく、仮放免が必ず認められるわけでもない。当然、出頭するのは不安である。そのまま収監されて、何年も出られないかもしれない。もしかするとそのまま退去強制となり、家族が引き裂かれる可能性もある。私は、できればすぐに出頭させたかったが、子どもが生まれるまで奥さんが不安がってどうしても無理だというので、いったん帰ってもらった。それ以後、連絡がない。

なぜ、不法滞在者である彼がまともに働けるのかは、私にも詳しくはわからない。採用時には在留資格があり、その後で切れてしまったのか。20年も前のことなので、確認もせずに採用し、そのまま働き続けているのか。はたまた、偽装のカードを使用したのか。「よく雇ってもらえるね」と聞いてみたが、「はい」というだけで、理由は説明してくれなかった。

もしかすると雇用主の温情かもしれない。しかし、不法就労者を雇用すると、雇い主は不法就労助長罪という罪に問われる。入管法には、「3年以下の懲役若しくは300万円以下の罰金に処し、又はこれを併科する」（第73条の2第1項）と定められている。かなり重い罪である。しかもこの規定は、法人代表者、代理人、使用人、その他の従業員も対象で、過失であっても適用される。採用担当者だけでなく、採用権限のある店長や営業所の長の方は、うかつに温情で採用などしないように十分ご注意いただきたい。

不法滞在を許せば国の在留管理がないがしろになる。したがって、かつてのように長閑な時代がやってくることもないし、そうすべきでもない。しかし、取り締まりが厳しくなってから、犯罪に手を染める不法滞在者が目につくようになった気がするのは私だけだろうか。

第二の波は日系人の帰国ラッシュ！

1990年、入管法が大きく改正された。新たに創設されたのが、「定住者」という在留資格である。この資格で日本に入国できる外国人は、個別の告示によって定められる。もっとも多くを占めるのが日系人である。日系三世まではこの資格で在留が可能だ。改正のときの様子を、元入国管理局長の坂中英徳氏が、NHKの戦争証言アーカイブス「戦後　日本の歩み」で証言されている。すでにバブルは終わっていたが、中部地方を中心とした自動車産業はまだまだ盛況で、製造業の現場からの要請で、政府は日系人に目をつけたわけだ。新しい在留資格ができたために、ブラジルやペルーなど、かつて日系移民を受け入れた南米諸国から大勢の日系人が出稼ぎにやってきたのである。

この時の改正は、事実上、多くの労働者を受け入れることになったのだが、国会ではまったく審議されていなかった。外国人労働者の問題が、後にこれほど論議を呼ぶなどとは、誰も思ってもいなかったのだろう。リクルート事件で手一杯で、入管法改正案はほぼ全会一致で通過してしまったそうである。私も当時、この改正についてはまったく知らなかった。周りに日系人が増えて、初めて知ったのである。

この改正を見れば、これまでに日本も労働者を受け入れているじゃないかと思われた方もいるだろう。まったくその通りなのだが、この資格は就労の内容に制限がなく、どんな仕事にも就ける。つまり、これは「労働者の受け入れ」ではなく、日系人のUターン政策なのだ。外国人の日本在留について、政府は日本人とのつながりを特に重要視する。不法滞在者などへの在留特別許可も同じである。この時の改正も、日本人と関わりの深い外国人のために在留資格を創出したということだ。

当時、私が住んでいた工業団地にも大勢の日系人がいた。彼らのほとんどは片言の日本語しか話せなかったが、一人だけかなり上手に日本語を話せる人がいた。かすかに不自然なところはあったが、普通に話していても知性を感じる物静かな人だった。あるとき、ブラジルで何をしていたのかと尋ねたら、弁護士だという。彼らを雇用していた会社の総務担当者の話によると、彼のような弁護士だけでなく、医師など社会的地位の高い人たちが日本に出稼ぎにきていたらしい。

彼らは昼休みになるとよくサッカーに興じていた。何度か仲間に入れてもらったことがあるが、なかに恐ろしく上手い若者がいた。サッカーファンなら誰もが知っているブラジルのトップチームでプレーしていたという。そんな人まで来日するほど、当時の日本は稼げたのである。

日本人の血は流れていても、やはり外国人だった⁉

日系人の受け入れは、労働者が集まらない製造業にとっては福音だったかもしれない。しかし問題も多かった。日系人を受け入れた会社の担当者がよくこぼしていた。

「火がついたまま、たばこを窓から放り投げるんだよ。プロパンに引火しないか心配でしょうがない」

私生活の管理でも、火事の心配やら近所との諍いで苦労が絶えなかったようだ。この会社のように、総務担当者が振り回されながらも日本での生活を指導していたところはまだましである。そうでない会社に勤めていた日系人は、日本人との間にかなり大きな壁があった。日本ではあたりまえのことが通じない日系人がたくさんいたのだ。

私の知り合いに、日系人が運転する車と衝突し、泣き寝入りをした者がいる。相手が任意保険に入っていなかったのだ。人身事故なので、本来はそれなりの額の請求になるが、払わなかった上に出国されてしまい、泣き寝入りするほかなかった。

子どもの教育の問題もあった。日本に在留する外国人は、子どもに教育を受けさせる義務がない。子どもが不登校になっても、誰もとがめない。言葉の問題で孤立した彼らのなかには、犯罪に手を染め、少年院に送られる者もいた。彼らは悪い外国人といえるだろうが、受け入れる環境を整えなかった日本社会の犠牲者でもあるかもしれない。

２００８年のリーマン・ショックは、その後の消費を落ち込ませ、日本でも失業率が上がった。政府が日系外国人に帰国をすすめたこともあり、多くの人が母国に帰った。始まりは日系人のＵターン政策だったはずだが、彼らもまた出稼ぎだったのである。

「定住者」という在留資格について、簡単に説明しておく。日本には、日系人以外にも「定住者」の資格を持つ人たちがいる。難民として認められた人たちや、中国からの帰還者の家族などだ。この資格は告示によって定められるが、告示で定められてはいないものの、審査の結果、在留資格を付与される場合もある。例えば、日本人と離婚したが、国内に生活基盤がある場合や、日本人が認知した子を育てている親などは、在留が認められると在留資格が付与される。永住の申請要件も緩和されてきているので、比較的早く「永住」に移行する人が多い。

バブル期の名脇役、フィリピーナは今もたくましい

バブルの絶頂期には、多くのシンガーやダンサーがフィリピンからやってきた。彼女たちは、歌手やダンサー、役者など、人前でパフォーマンスをして稼ぐ仕事に与えられる「興業」という資格を利用して入国してきた。

この頃のフィリピンパブについて、私はあまり詳しくない。世間で報道されている範囲のことしか知らないので、あまり多くは語れないのだが、一度、彼らのおかげで入管とひともめやらかした経験がある。

私は30代の半ばから20年以上、音楽業界にいた。２０００年前後、外国人のアーティストを日本でデビューさせるという仕事をいくつか手がけた。日本でＣＤ制作を行ない、ツアーを組む。フェスティバルなどにも出演してもらうので、興業のビザを取得してもらわなければならない。

あるアーティストに、日本で初めてレコーディングをしてもらおうというときのことである。当時、行政書士に依頼できるなどとは知らなかったので、私はあれこれ調べながら自分で申請

した。最初に入管を訪ねたときに「お店の図面を出してくれ」と言われ、なんのことだかわからず、お店なんか持ってないというと怪訝な顔をされた。本人のパスポートのコピー、実績、日本でのスケジュール、私の会社の謄本や決算書など提出書類を教えてもらい、その日は帰った。

しかし、申請書をみると、図面を手書きするための別紙がついており、初めてフィリピンパブに思い当たって、少々怒りがこみ上げてきた。今でこそフィリピン人女性が経営する浅草のスナックにカラオケを歌いにも行くし、仲の良いオーナーもいる。だがその頃はフィリピンパブには行ったことがなかったたし、世間の噂で聞くような性的サービスが伴う店くらいにしか思っていなかった。実際、そういう店もあったようだが、まともにショーをしていた店もあったのは後になって知ったことだ。

いざ提出という日、図面などは当然添付せずに書類を持ち込んだ。案の定、図面がついてないと指摘され、そこから延々とバトルが始まった。

「店なんか持ってない。れっきとしたレコーディングアーティストだ」

「申請者には、全員出してもらっている」

この応酬である。その日は結局、書類は受理するが、後日連絡するということで話は終わった。入管を出たときには声がかすれていたのを今でも覚えている。

なぜ店の図面が必要かというと、当時、そういうお店がちゃんとステージを設けているかどうかが審査の対象になっていたのだ。バカげた話だが、結局レコーディングスタジオの図面を提出して一件落着した。その担当者は、その後本当によくやってくれた。担当者が違うと再び同じことを言われる。最初に担当してくれた審査官の名前を言って、コンサート会場やライブハウスの図面で対応してもらったことが何度かあった。

今思うと、申請先が名古屋入管だったからではないかという気もする。芸能関係のオフィスはほとんど東京に集中していた。東京入管への申請であれば、もっとスムースだったのかもしれない。

「興業」で入国する道はその後完全に閉ざされ、この方法で入国するのは現在不可能である。私の事務所がある浅草には、フィリピンの女性たちが経営するスナックがいくつかある。かつてシンガーやダンサーとして来日した女性たちだ。今も日本に残っている彼女たちの多くは、日本人と結婚し、日本人のお子さんがいる。永住者の資格をもっているので、どんな仕事もできる。昼間はホテルのベッドメイキングやコンビニなどの仕事をして、夜はお店に出る。子どもたちに良い教育を受けさせたいと思えば、おのずとお金がかかるからだ。「母は強し」とはよく言ったもので、その点においては日本人も外国人も同じである。

そして始まった！
悪名高き現代の奴隷制度「技能実習」

1992年頃の話である。私の経営する工場に、近くの会社の役員の紹介でＪＩＴＣＯという団体のスタッフがやってきた。当時、塗装工がいなくて困っていたところ、安く外国人を使える制度があるという話だったので、聞いてみることにしたのである。この「外国人を安く使える制度」というのが、入管法改正論議でも大いに話題になった「技能実習制度」である。

ＪＩＴＣＯとは、国際人材協力機構（Japan International Trainee Skilled Worker Cooperation Organization）の略だ。技能実習制度全般の支援機関だが、当時はＪＩＴＣＯが自ら受け入れをしていた。現在は、法務、外務、厚生労働、経済産業、国土交通の5省の共管になっている。当時の担当者は、省をまたがって設立されたことが画期的なことであるとしきりに強調していた。

技能実習の趣旨は、働きながら日本の高い技術を身につけ、自国に戻って生かすというものだ。自国に技術を持ち帰ることが目的なので、一定の期間が過ぎれば帰国しなければならない。それ以上に働きたい、働いてほしいと思っても、日本には滞在できない仕組みだ。実習生なので、自ら職場を選ぶことも、異動もできない。現在は81職種が指定されているが（2020年2月現在）、職種であって業種ではない。つまり、身につける技術が定められているのである。制度の変更が度々あったが、建前上の趣旨は変わっていない。建前上というのは、私が関わったころから、JITCO自身が「安い労働力」と現場で説明していたからだ。

実習生がいなくなった！

このとき紹介されたのが、インドネシアからの実習生だった。日本語や日本での生活についての研修を現地と日本国内ですませ、これから会社に所属することになるとのことで、人手不足の現場には大変ありがたいシステムだ。当時は2年間が期間上限で、給料は最低賃金、社会保険は当然かかる。それ以外にも、寮の提供が求められた。寮の費用は本人たちの負担もある。寮費と昼のお弁当代は、給与とみなされない範囲まで会社が負担した。

そんな条件でも毎月数万円は本国に送れるので、彼らにとっては悪くない話だという説明を聞き、採用を決めた。一人ではかわいそうなので、二人採用した。やってきた二人の実習生のうち、一人は陽気でひとなつっこく、積極的にしゃべる子で、飲み込みが早くすぐに仕事も覚えた。やがて他の従業員ともコミュニケーションがとれるようになり、パートで働いていたおばさんたちからもかわいがられていた。もう一人は、比較的静かでシャイな子だった。暗いわけではないが、反応が静かなので、なかなか会話が続かない。

会社としては、最低賃金で雇用しているので余裕があり、週に一度、日本語教師を呼んで勉強させたりしていた。少しだが賞与も支払っていた。経営者としては、それなりのことをしてあげていたつもりだったのだ。

ある日の朝である。静かな方の実習生が出勤するなりやってきて、陽気な方の実習生が帰ってこないと報告してきた。前日は日曜日で、二人とも別々に出かけていたらしい。帰ってみたら、荷物がなくなっていたという。すぐにＪＩＴＣＯの職員を呼び、警察にも連絡したが、結局戻ってこなかった。コミュニケーションがとれていると思っていた実習生が逃げ出したのには少々ショックで、追加で実習生を入れる気にはならず、その二人でやめにした。静かな方の実習生は2年間を勤め上げて帰国し、帰ってから手紙もくれた。今は50歳に近いはずである。

結局、いなくなった実習生のことはその後もわからなかった。ＪＩＴＣＯの職員によると、もっと儲かる仕事があるとそそのかされると、フラフラとそっちへ行ってしまう実習生がいたらしい。今思うと、技能実習制度はその黎明期に、すでにそういう問題を抱えていたことになる。若い子にとって、２年という時間は長い。その２年を昇給の楽しみもなく、ただもくもくと働き続けなければならないというのは、精神的に負担なのかもしれない。2年後には必ず帰ることになるなら、もっと給料の良いところで働いた方がいいと考えたのかもしれない。

技能実習制度は25年以上続いているが、同じような失踪はあとを断たない。そもそも職業選択の自由を奪い、この国に住みたいと思っても一切かなわない状態で、最低賃金で雇用され続けることを前提にした仕組みは、当初から無理があったのだと思う。

技能実習制度の仕組み

「技能実習生」は入管法改正論議の際、もっとも話題になった在留資格なので、現在の仕組みについても少し触れておこう。

現在の技能実習制度は、二つに分かれている。一つは企業が単独で制度を構築し、合弁企業や現地法人から実習生を迎え入れる方法。もう一つは、監理団体が現地の送出し機関と提携して実習生を迎え入れ、企業に配置する方法である。前者を企業単独型、後者を団体監理型という。最初の年を1号、2~3年目を2号、4~5年目を3号と呼び、実習生はステップアップするために技能試験をクリアしなければならない。

企業単独型は、大手企業が採用する方法になる。自社で体制が整えられない中小企業は団体監理型を利用する（40ページの図参照）。

実習生受け入れの90％は団体監理型によるものである。監理団体になれるのは公益財団法人など非営利団体だけで、実習生の受け入れ事業を収益事業にすることはできない。一般的には組合を作り、外国人技能実習機構（ＯＴＩＴ）の許可を受ける。実習生を受け入れたい企業はそこの組合員になって組合費を支払い、実習生を調達してもらう（41ページの図参照）。

実習なので、実習計画を立てなければならない。実習計画がＯＴＩＴに認められてはじめて実習生を来日させることができる。企業は、この実習計画以外の業務に実習生を就かせることはできない。もちろん、実習計画が認められないと実習生の在留許可もとれない。

２０１８年11月、日立製作所で99人のフィリピン人実習生が解雇されたという報道があった。詳細は明らかにされていないが、「目的の技能を学べない作業に従事させられている疑いがある」ということで、国から認可されなかったと報道されている。

どんな企業でもそうだが、多くの業務をこなせる人の方が重宝する。仕事の配分によって人の配置を換えられるので、流動性を確保できるからだ。全体的に人が足りなければ新規に雇用するしかないが、新規雇用に頼らずやりくりできるときもある。会社の規模が小さくなるほど、社員一人のすべきことは多くなる。

技能実習に関わるステークホルダー

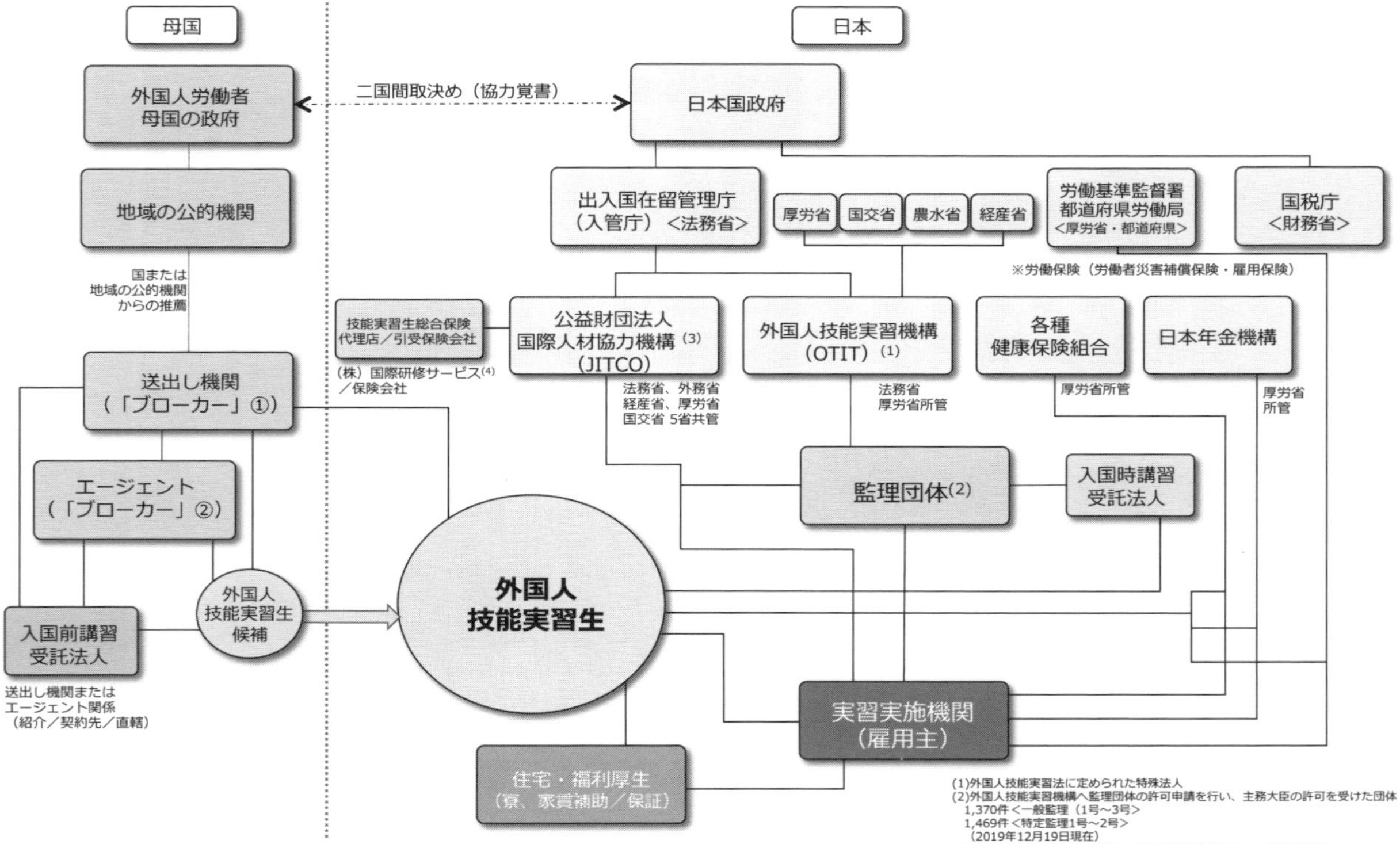

(1)外国人技能実習法に定められた特殊法人
(2)外国人技能実習機構へ監理団体の許可申請を行い、主務大臣の許可を受けた団体
1,370件＜一般監理（1号～3号）＞
1,469件＜特定監理1号～2号＞
（2019年12月19日現在）
(3)旧 公益財団法人 国際研修協力機構（2020年4月1日付で名称変更）
(4)JITCO関連の保険代理店

技能実習に関わる金の流れ（概観）
技能実習生一人当たり

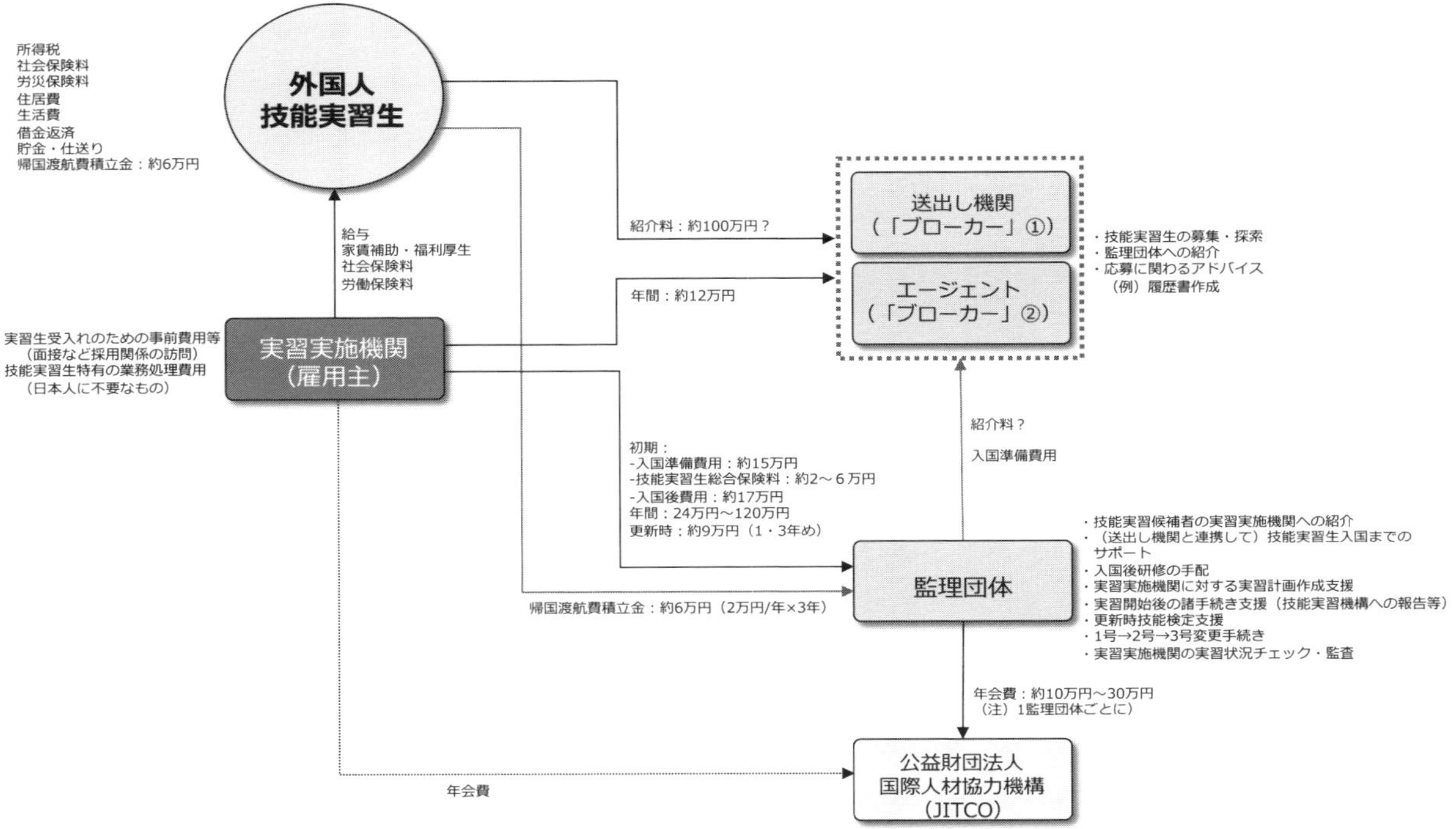

外国人
技能実習生
所得税
社会保険料
労災保険料
住居費
生活費
借金返済
貯金・仕送り
帰国渡航費積立金：約6万円
給与
家賃補助・福利厚生
社会保険料
労働保険料
実習実施機関
（雇用主）
実習生受入れのための事前費用等
（面接など採用関係の訪問）
技能実習生特有の業務処理費用
（日本人に不要なもの）
紹介料：約100万円？
年間：約12万円
送出し機関
（「ブローカー」①）
エージェント
（「ブローカー」②）
・技能実習生の募集・探索
・監理団体への紹介
・応募に関わるアドバイス
（例）履歴書作成
紹介料？
入国準備費用
初期：
-入国準備費用：約15万円
-技能実習生総合保険料：約2～６万円
-入国後費用：約17万円
年間：24万円～120万円
更新時：約9万円（1・3年め）
帰国渡航費積立金：約6万円（2万円/年×3年）
監理団体
・技能実習候補者の実習実施機関への紹介
・（送出し機関と連携して）技能実習生入国までのサポート
・入国後研修の手配
・実習実施機関に対する実習計画作成支援
・実習開始後の諸手続き支援（技能実習機構への報告等）
・更新時技能検定支援
・1号→2号→3号変更手続き
・実習実施機関の実習状況チェック・監査
年会費：約10万円～30万円
（注）1監理団体ごとに）
年会費
公益財団法人
国際人材協力機構
（JITCO）

ところが、技能実習生ではこれができない。企業からみれば、だから賃金を安く使うのだという理屈にもなるだろう。日立のような大企業だからこそ問題が表に出たのであって、小さい企業であれば埋もれていたかもしれない。実際、福島の原発事故に伴う除染作業をさせられたという報道もあった。団体監理型では、実習計画自体が有名無実化している可能性もある。

問題山積の制度設計

技能実習は、職種を学ぶためのプロジェクトである。日本の場合、多くの作業が細分化しているので、実習生はその一部を学んで帰ることになる。ところが本国では、日本で使われているようなシステムにまでたどり着いていないことも多い。そうした状況では、日本の中小企業と大企業との違い以上にオールマイティーな対応力を求められる。結果としては、本国に帰っても仕事がないということが出てくる。これでは開発途上国への技術移転というスローガン自体に意味がない。

2018年6月に行なわれた厚生労働省の調査では、7割が実習計画に違反していたという報道もあり、この制度には闇が多い。

費用の面でもそうである。技能実習に関わる多くの費用、つまり研修費用、渡航費用などは、監理団体から実習生を受け入れる企業に請求される。現在は監理団体や受け入れ企業の支援団体として位置づけられるようになったＪＩＴＣＯの会費も、任意とはいえ企業が負担する費用である。企業は実習生を最低賃金で使えるが、一方で組合費、研修費、渡航費などの経費を考えるとそれなりの費用が出ていく。

入管法改正案の国会審議中に、送出し機関から監理団体に対し、マージン請求があったというニュースが流れた。そういう費用を支払っていれば、現地経費分として誰かが負担しているはずだ。実習生の給料以外で企業が負担する額は、一人あたり１００万円を超えるケースもある。これを実習生から様々な名目で控除したり、それを理由に人件費を抑えたりしているケースもある。

送出し機関にも問題がある。これについてはフリージャーナリストの巣内尚子氏がYahoo!ニュースで詳細なルポを書かれている。実習生は送出し機関傘下の日本語学校で日本語教育を受けるなどして来日の準備をするが、この送出し機関が、現地では職業紹介事業とほぼ変わらないのだ。日本では有料職業紹介事業で求職者から費用を受け取ることは、少額の登録料以外はありえないが、現地の機関のなかには実習生から多額の費用を受け取っている団体もあるという。実習生にとってはそれが借金になってしまい、日本で何年も働いても返せないという事態につながっている。そのため、日本でひどい待遇を受けたとしても、辞めたくても辞められないというのだ。

外国人労働者のサプライチェーン

この問題は、「特定技能」でも解決されない可能性がある。私のところには時折、海外の職業紹介会社から人材紹介の問合せがある。ほとんどがIT系のエンジニアである。多くの場合、求職者からお金は受け取れないので、日本側で受領した紹介料の一部をシェアしてほしいという条件提示が多い。私の場合は職業紹介の資格がないので仲介に入ることができず、職業紹介会社を紹介するか、結局お断りするのだが、時折、求人先を紹介してくれたらマージンを払うという申し出がある。あなたたちはどこから収入を得るのかと尋ねると、求職者からだという。実際におつきあいしたことがないので詳細はわからないが、現地の機関が求職者からなんらかの費用を受領したとしても、日本側では実態をつかめない。

いくら日本政府が国際貢献を謳ってみたところで、この問題はそう容易には解決しないだろう。日本側の監理団体も現地の送出し機関も含め、人のサプライチェーンができあがっており、

ＪＩＴＣＯもそのサプライチェーンに組み込まれているのだから。

入管法改正案可決の付帯決議で、送出し国の悪質ブローカー介在の防止が盛り込まれたことについては、一定の評価はできる。しかし、そもそも職業紹介に関する法律がない国はいくらでもあり、それらの国に規制がない以上、当の現地機関は悪質である認識などまったくない。普通のビジネスとして、求職者からなんらかの報酬を回収していてもおかしくはないのだ。

技能実習制度と比較して「特定技能」を批判する声もあるが、職場を選ぶことができ、転職もできるという意味では技能実習よりずっとましと言える。現在の収入で借金を返せなければ、もっと収入の良いところを探すという選択肢が残るからだ。

ＥＤＡＳ（イーダス）という団体がある。Everyone is Different. All people are the Same.（ひとりひとりは皆違う。人は皆同じ）という標語のもとに外国人支援を行なっている団体である。理事長の田村拓氏は、監理団体の監査ができないか方法を探っている。今後に大いに期待したいところである。

実習生の待遇についても、実は問題が多い。技能実習生の給料は、最低賃金を適用しているケースが多いが、就職して最初の3年間は、日本人労働者に支払った給料に対して10％から30％低いという調査がある。さらに、実習生がどのくらいの経験のある日本人と同じ仕事をしているのかというと、5年以上という回答がいちばん多かった（労働政策研究・研修機構調べ）。

政府は「同一労働・同一賃金」を標榜している。だとすると、この賃金格差はあってはならない話だ。

その上に実習生のサプライチェーンにかかる費用を払わなければならないとなると、企業側に技能実習生を使うメリットはなくなってしまう。今後、技能実習制度は廃止の方向になっていくのが望ましいと考えるのは私だけだろうか。

第2章

現代外国人労働者事情

「留学生」という名の新たな労働者たちの誕生!

2008年、留学生30万人計画が発表された。2020年までに30万人の留学生を受け入れるという計画である。当時13万人程度だった留学生は、2018年に29万8980人になった。その内訳は図のとおりである。

留学生というと、なんとなくレベルの高い学問をしにきているイメージを持っている人が多いだろう。しかし必ずしもそうではない。大学院や一流大学への留学生はともかく、働くための手段として留学を選んでいる学生がかなりいるのだ。

東京福祉大学のように、在留資格のスポンサーにはなったものの、まともに授業も行なわず、1600人の行方不明者を出した上、学校にはほとんど外国人はいなかった、という事件もあった。結局、同校は留学生の受け入れ停止の行政処分を受けた。

本来、「留学」という在留資格では日本で働くことはできない。しかし、資格外活動許可が与えられるとアルバイトが許される。風俗関連の業務には就けないが、それ以外の業務であればどんな仕事でもできる。したがって、どの職場でも重宝する。居酒屋の配膳、コンビニのレジ打ちなど、本来なら就労が許されない業務にも就くことができるのだ。しかも、年齢制限があるわけでもない。極端に言うと、誰でも「留学」という手段で来日して働くことができるのだ。

日本の一般企業が外国人を雇用できる在留資格は、技能実習を除けば「技術・人文知識・国際業務」というオフィスワーカーのための在留資格しかない。技能実習の対象でない業種の場合、外国人を雇用しようと思えば資格外活動許可を持っている外国人ということになる。アルバイトとして採用できるからだ。つまり、日本には約30万人のアルバイト要員がいることになる。飲食店やコンビニで働く外国人の若者をみかけたら、ほぼ留学生と思っていい。

[在学段階別留学生数]

(平成30年5月1日現在、留学生総数**298,980**人)

大学院	**50,184**人	**3,811**人(**8.2%**)増
大学(学部)	**84,857**人	**7,311**人(**9.4%**)増
短期大学	**2,439**人	**524**人(**27.4%**)増
高等専門学校	**510**人	**49**人(**8.8%**)減
専修学校(専門課程)	**67,475**人	**8,704**人(**14.8%**)増
準備教育課程	**3,436**人	**216**人(**6.7%**)増
日本語教育機関	**90,079**人	**11,421**人(**14.5%**)増

＊独立行政法人日本学生支援機構「平成30年度外国人留学生在籍状況調査結果」より

日本語学校が不法就労の入り口に？

まず日本語学校の問題について触れておこう。

海外の大学の日本語課目を履修した学生が交換留学制度などを利用して来日する場合は、そのまま大学の日本語履修コースなどへ入学するが、一般的には、まずは日本語学校で日本語を学んでから、専門学校や大学に行くコースを歩むことが多い。

日本語学校の設立には、入管の許可が必要である。もっと正確に言うと、日本語塾は誰でも作れるが、外国人の在留資格を付与できる学校にしたいなら、入管の示す条件をクリアする必要があるのだ。そこでいろいろ問題が起こる。

一部の日本語学校が不法就労の入り口になるのである。先に挙げた東京福祉大学の事件は、大学だからショッキングだった。これが日本語学校となると、授業はほとんど行なわずに仕事を斡旋して働かせ、その給料から授業料を払わせていた、といったニュースが頻繁に流れる。

学生がどこかに逃げないように、パスポートを預かるという話もよく聞く。私のところに相談に来た外国人のなかにも、「パスポートを預けている。学校をやめたいが、返してくれない」という留学生がいた。この件は、入管の留学部門に、「こういう学校があるらしいけど、どうすればいいのか」と対応を聞きに行ったことがある。しかし、「それは学校の判断だ」と答えるだけで相手にされなかった。どうやら学校側を調査するつもりはないようである。

確信犯の「留学生」たち

多くの留学生は、日本でなんらかのチャンスをつかみたいと思って来日していると思うが、単に稼ぐためのチャンスだと考えている学生も多い。行政書士の仕事を始める前のことだが、行きつけだったカレー屋のコックが「勉強に来てるのなんてほとんどいないよ、働きに来てるんだよ」と言っていた。

そのときは、留学生とはそんなものかと思っていた。行政書士になって、在留資格の仕事を始めたとそのコックに話すと、ありがたいことにすぐにいろいろな相談が持ち込まれてきた。ところが、まともな在留資格の更新や変更の話はほとんどない。更新が許可されなかった、変更が認められなかったという話ばかりだ。

なかに、入管から手紙が来たがどうすればいいのかという相談が時折あった。在留カードをみせてもらうと、在留資格は「留学」で、期限はまだ残っているというケースが多い。入管からの手紙は、「おたずねしたいことがあります」という内容で、いわゆる出頭要請である。いちばんひどかった例は、日本語学校へ入学して一度だけ行ったが、それからは働き詰めで一度も行っていないという。

私たち行政書士が「留学」の在留資格を取り扱うことはあまり多くない。日本語学校で手続きを行なうことができるし、専門学校や大学などでも学生課の職員が相談にのってくれる。学校が出してくれる書類をもって行けば申請は受理されるので、それほど手続きは難しくない。行政書士に高い報酬を払う必要などないわけだ。ところがこういう相談だけはくるのである。

すでに説明したように、日本の在留資格は活動に対して付与される。「留学」に許可されている本来の活動は、勉学である。当然、学校に行く必要があり、出席日数が更新時の重要な指標になる。在留資格があるからまだ日本にいられるというのは間違いで、本来の活動を3ヵ月行なわないと、入管は在留資格を取り消すことができる（入管法第22条の4第1項第6号）。ただし、「当該活動を行わないで在留していることにつき正当な理由がある場合を除く」ので、正当な理由があるかどうかを確認するために出頭させるわけである。

この例の場合、そもそも在留資格さえ取れれば日本で働けると思い込んでやってきた確信犯だ。悪いが、こればかりはどうにもならない。すぐに出頭して、帰国してもらうしかない。

まともに留学の活動をしていない外国人が、母国で大学を卒業しているので就職したいといっても無駄である。「今働いている工場の社長が雇ってくれるから、在留資格を変更したい」というような問合せもある。彼の仕事が仮に単純労働ではなく、工場の管理業務や総務、労務のような「技術・人文知識・国際業務」に該当するとしても、変更が認められることはまずない。「在留状況がよくありません」という理由であっさり却下になる。こういうケースを認めてしまえば制度は抜け穴だらけになり、在留制度そのものが成り立たなくなる。当然のことだろう。

そもそも学校へ行く気がなかったというのはともかく、出席日数が足りなくて更新ができないというケースも往々にしてある。「病気がちで行けませんでした」という言い訳を入管でしている若者がいた。「ここに来られる程度の病気なら国に帰って治してください」。入管の言うことももっともである。

「週28時間」狂騒曲

さて、留学生が資格外活動で働けるのは、原則週28時間までに制限される。長期休暇期間は一日８時間まで働くことができる。これを超えると不法就労だ。業界用語というのも変だが、入管業務に関わる者の間では、これをオーバーワークという。週28時間は、週のどこから数えても28時間にならなくてはいけない。つまり、平均的に働かないといけないということだ。この労働時間はあくまでアルバイトを想定している。28時間は本人に与えられている時間なので、複数社で働くのであれば、すべて合算して28時間以内でなければならない。

一般に、アジア人は情に弱いというか人が良い。現場で急に休みが出たりして、「なんとか頼むよ」と言われるといやと言えずに、結果オーバーワークになっているケースがある。オーバーワークになると、外国人の方は更新が認められなくなる。これを調べるために、更新時には非課税証明書、課税証明書などの収入の証明になるものの提出が求められる。仮に時給が１２００円だったとしても、月12万円、年間１４０万円強。夏休みや春休みの長期休暇が４ヵ月あり、その間８時間労働ができたとしても、２００万円まではいかない。だいたいこのあたりの収入になると更新時に問題になる。

ここで問題になるのは、週28時間を超えて雇用する側は、不法就労助長罪になるということだ。つまり、アルバイトをする外国人が28時間を守るのは当然だが、働かせる方も罰則の対象となるのだ。前章でも説明したように、不法就労助長罪は過失でも成立する。知らなかったからといって罪は免れませんよ、ただし、過失がなければ罪は問いませんとまで記載されている

（第73条の2第2項）。ここで、自社では28時間しか働いていないことを確認していたが、実は他社でも働いていて、結果として28時間を超えてしまっていた場合はどうなるのか、ということが問題になる。

実はこの条文、何もしなければ過失が推定される。過失を免れるためには知る努力をしなければいけないということだ。例えば、入社時には自社でしか働いていないことを確認し、労働条件通知書には副業を禁止する旨を記載して、毎月の給料日などにも定期的に確認をする、ということだ。これだけ厳しい条文があるにもかかわらず、ほとんどの人が知らないというのも怖い話である。

外国人をアルバイトとして雇用されている企業のみなさんは、この機会に見直しをされてみてはいかがだろうか。少なくとも、すべての事業主の義務である「外国人雇用状況の届出」くらいは、必ずやっておくことをお薦めする。

単純労働、大卒はよくて専門学校卒はダメという不思議

さて、外国人労働者の受け入れに続いて、日本の大学を卒業していれば、職種を問わず就職

してよいという告示の改正が行なわれた。この改正は留学生の就職機会を一気に増やす。

日本の大学への留学生が、みんな高水準の学生ではない。卒業しても就職できない学生たちはたくさんいる。実際、留学生の日本国内における就職率は、わずか36％である（平成28年度外国人留学生進路状況・学位授与状況調査結果／独立行政法人日本学生支援機構、平成30年2月調査）。そういう学生が、アルバイト先の工場や飲食店にそのまま就職することが可能になる。

日本の文化を学びたいので、着物屋で働きたい、職人の世界で働きたいという外国人もいる。ただし、この資格は日本語検定1級を要する。私の周りにはあまりいないが、1級を取得すれば日本にいさせてやるからしっかり勉強しなさいということかもしれない。

ただ、この制度が導入され、現場に大卒者が入ってくると、専門学校生との関係がちぐはぐになる。「技術・人文知識・国際業務」の資格を取得するためには、大学を卒業しているか、日本の専門学校を卒業している必要がある。そして、学んだ内容と業務との間に関連性がなければならない。この「関連性」というのが、大学の場合にはかなり緩いが、専門学校の場合には厳しく見られる。ただでさえ専門学校生は就職できないケースが多いのだ。今回の告示の改正で、大卒者は単純労働に就けて、専門学校生は「技術・人文知識・国際業務」にしか就けないという変な構造になる。

大手を振って働ける？「難民ビザ」

2010年3月から、難民申請者には、申請後6ヵ月後から一律就労資格を与えるという運用が始まった。これにより、日本に行けば働けるというので難民申請者が急増した。おかげで入管の難民審査は滞った。「特定活動」という資格をもらい、6ヵ月後に就労資格が手に入る。審査が続いている間は6ヵ月単位で更新され、却下されると不服申立（審査請求）ができる。再び審査が始まり……これを繰り返すことで4～5年に渡って在留できたのだ。難民は人道上の問題だから、再度申請すれば入管は受理しなければならなかった。そのためいつまでも働くことができたのだ。この資格を指して、彼らは「難民ビザ」と呼んでいた。

難民とはどういう人たちか、多くの日本人は知らないだろう。戦火を逃れてきた人たちくらいの漠然とした印象しかないのではないだろうか。難民の定義は、「出入国管理及び難民認定法」いわゆる入管法で決まっているわけではない。「難民の地位に関する条約」（難民条約）に定めがあり、入管法は難民の手続きを定めているだけである。

難民条約では、難民とは「人種、宗教、国籍若しくは特定の社会的集団の構成員であること又は政治的意見を理由に迫害を受けるおそれがあるという十分に理由のある恐怖を有するために、国籍国の外にいる者であって、その国籍国の保護を受けることができないもの又はそのような恐怖を有するためにその国籍国の保護を受けることを望まないもの及びこれらの事件の結果として常居所を有していた国の外にいる無国籍者であって、当該常居所を有していた国に帰ることができないもの又はそのような恐怖を有するために当該常居所を有していた国に帰ることを望まないもの」と定められている。

世界一厳しい？ 日本の難民審査

わが国もこの条約に加盟している。条約は法律に優先するので、その定めるところによって難民であるかどうかを判断する。ところが、解釈の細部まで定められているわけではないので、国によって当然差が出る。日本の場合、その判断基準が世界一厳しいとも言われている。２０１８年、難民認定申請者と審査請求を合わせた約１万９５００人のうち、難民として認められたのは42名である。条文からもわかるように、戦火が激しい、危険だから逃げてきたというだけでは難民には該当しないのだ。「迫害を受けるおそれがあるという十分に理由のある恐怖」

という条件がつく。

実際のところはどうなのか。

日本の基準は確かに厳しいのだろうが、日本における難民申請者の大半が偽装難民であることはよく知られている。私のところに相談に来た難民申請者の大半は、学費が払えなくなった学生や、オーバーワークや出席日数不足で更新ができなかった学生たちだ。難民申請をして、そこから他の在留資格に変更できないか、あるいはもう一度学校に戻りたいという者が多かった。こういう申請者にも就労許可が付与され、6ヵ月ごとに更新されていたわけだ。もちろん就労制限はないので、企業からすれば使いやすかった。

借金から逃げてきた外国人が難民だって？

難民を主張する人たちみんなが難民の定義を知っているわけではない。というより、一般の日本人が知らないのと同じで、ほとんどの人はそんなことを頭に入れて生きてはいない。私たちからみれば明らかに難民ではないと思われる人でも、自分は難民だと信じ切って申請している人もいる。例えば、借金が返せなくて命を狙われたというようなケースでも、本人は難民だと信じ切っている。こういう自業自得なケースは話にならないが、こういう例もあった。

ある投資話にのって、かなりの額をつぎ込んだ。ところが、これが半ば詐欺で、いっこうに分配がされない。被害者組織を作り、そのリーダーとして交渉にあたったら、なんと命を狙われたというのだ。普通なら警察が助けてくれそうなものだが、権力者がからんでおり、警察は見て見ぬふりをするので逃げてきたという。残念ながら、これも「人種、宗教、国籍若しくは特定の社会的集団の構成員であること又は政治的意見を理由に迫害を受けるおそれ」にはあたらないので、難民の定義には該当しない。

こういう話もある。ある有力者の家族の手術を担当した医者が、手術の失敗が原因で死んだと言いがかりをつけられ、命を狙われた。やはり有力者なので、警察などには守ってもらえない。これも私怨なので、難民の対象にはならない。

また、ある国の貿易商が、その国の有力者から、コンテナに麻薬を詰めて輸出をしろと持ちかけられた。だまって言うことを聞けばそれなりの報酬ももらえたのだろうが、これを断ったために命を狙われるようになった。これは私怨でもないし、本人には何の落ち度もない。しかし、このケースも難民として認められなかった。

それでは、どういう人が認められるのだろうか。政治活動を続け、政府から指名手配がかかり、捕まると投獄され、悪くすると死罪になるかもしれないというような場合なら、認められるかもしれない。しかし、これは見方によっては、むしろテロリストに近い気もする。

「難民」から「不法滞在者」に

少し話がずれたが、この「難民ビザ」の運用の見直しで、偽装難民はずいぶん減ったようだ。2018年に入り、法務省は方針を改めた。一律に就労資格を付与するのをやめ、明らかに難民ではない申請者や再申請を繰り返す者に対しては、そもそも就労許可を与えないという運用が始まったのだ。

再申請をしたら、最初のインタビューで「国に帰るか、このままいるか、どうする?」と尋ねられて、「ここにいる」と返事をした瞬間に在留資格を取り上げられ、不法滞在の扱いになった元留学生がいる。残念ながら、出頭して出国しなさいというアドバイスしかできない。自ら出頭して不法滞在を申告すると、運が良ければ出国命令の扱いになる。出国命令となれば1年で再来日できるからだ。

一方で、「怖いから逃げる」というのは、人として普通のことでもある。難民申請を却下されても日本に留まる元難民申請者や、いったん収容され仮放免で仕事もせずに生活する外国人が少なからずいる。よくよく考えてみると、彼らは働かず、税金も払わず日本にい続けているのだ。もし病気になって救急車を使えば、税金で病院まで運ぶことになる。収容されている外国人の費用も税金である。仕事もせず、学校にも行かず、ただ日本にいるだけという人口が増えるのは、日本国にとってうれしい話ではない。

難民問題は本当に難しいが、厳しい運用をしながらも、基準についてはもう少しおおらかであってもよい気がする。

寝室が別だと認められない？「日本人の配偶者」という資格

時折ニュースになる、外国人と日本人の偽装結婚。これも、日本で就労したい外国人がいるから起こる。

日本人の配偶者には、「日本人の配偶者等」という在留資格が付与される。「等」とは、日本人の実子ではあるが、外国籍の子どもを指す。配偶者の両親などはこれに含まれない。

「永住者」「日本人の配偶者等」「定住者」「永住者の配偶者等」という入管法の別表2に記載された在留資格は、総称して「身分系」と言われる。身分系の在留資格を持つ外国人は、日本人と同じようにどんな仕事にも就くことができる。風俗関連業務にさえ就労可能である。大学卒の資格を持っていない外国人は、日本で就労系の資格を取得する道が実質的に閉ざされていたが、日本人と結婚できれば堂々と日本に住むことができるわけである。

日本人と結婚した外国人は、ただ単に婚姻届を出しただけでは、この資格が認められることはない。結婚生活の実態が必ず調査される。

2018年、65歳の中国人女性が、寝室が別室であるという理由で「日本人の配偶者等」のビザが不許可となり、退去命令が出された。その女性は裁判で争い、東京地裁は退去命令の取消を命じた。ご主人は70歳である。夫婦別室の事実がどういう経緯で入管に伝わったのかはわからないが、日本人は70歳を過ぎると約半数が別室で寝るそうである。

別室ですら偽装結婚を疑われるのだから、別居の場合はさらに厳しい。私も時折、「日本人の配偶者等」の業務をお引き受けすることがあるが、プライベートをすべて理由書に書き出す覚悟があるかどうか、その立証資料を提出する覚悟があるかどうかを必ず尋ねることにしている。

見破るのは無理？「偽装結婚」労働者たち

ここまで大変であっても、偽装結婚の報道は時折ある。しかし、何が偽装結婚かというと、これがなかなか難しい。私には確信をもってこの人がそうだと言い切れる自信はないが、お金目当ての偽装結婚のブローカーというのは確かにいると思われる。

「私の友人のビザの件です」と言って、「日本人の配偶者等」に関する問合せがきたときは要注意だ。まず本人、しかもカップルで事務所に来てもらう必要がある。どこでどうやって出会ったのか、今は同居しているのかなど詳しく聞く。それでも、口裏を合わされると見抜くのはなかなか難しい。依頼した方も受けた方も、お金のやりとりがあったかどうかは言わないだろうから、かなり面倒である。

ブローカーを介さなくても偽装結婚はあるし、偽装結婚かどうかの判断に迷うケースもある。いつも親切にしてくれる外国人女性が、在留資格がないので国に帰らなければならないという話を聞いて、自ら申し出て結婚してあげたというお年寄り。一緒に住んではいないが、いつも仲良く食事をしている。日本人にも同居していない夫婦はいる。純粋に愛し合っているわけではないが、結婚生活を送る日本人夫婦だってかなりいる。

一方で、このお年寄りと同じような動機で結婚したが、3年間同居して「永住者」の資格がとれた瞬間、離婚されたというケースもある。このようなケースは、3年間の夢を見たと思った方がいい。財産をもっていかれなかっただけましである。

「日本人の配偶者等」という資格は、結婚実態を立証できれば、かなりの確率で認められる。難民申請者やオーバーステイからの変更でも認められることがある。日本の在留資格が、日本人との関わりを重視するからだ。

ところが、在留資格がとれた時には涙を流して喜んだカップルが、半年もしたら離婚したというケースも少なからずある。難民申請者から日本人の配偶者等という資格を得て、半年で離婚すると困ったことが起こる。日本人の配偶者等という資格は、2回目の更新くらいまでは、原則として1年しか付与されない。一定の継続性がないと、3年という長期の資格は付与されないのだ。あっという間に離婚してしまうケースもあるからである（「日本人の配偶者等」の資格取得者には「永住者」への資格要件が緩和されていることもある）。

日本の在留資格は活動に対して付与される。これは「日本人の配偶者等」でも変わらない。日本人の配偶者等という活動に対して付与されるので、離婚するとその活動がなくなったことになる。この資格に関しては、3ヵ月ではなく6ヵ月の猶予があるが、期間の違いがあるだけで取消の対象となる。離婚した相手の日本人は絶対に在留資格の更新に協力しないだろうから、別れた外国人は日本に在留する手段を失うことになるのだ。

ただし、これは外国人女性に多いが、日本人との間に子どもがいる場合には可能性が残る。日本人の子どもは、出生によって日本国籍を取得する。離婚した外国人の奥さんが、この子を扶養する場合、「定住者」という資格が付与される。子の人権、もちろん日本人としての人権に配慮したのである。これは日本人の男性が子どもを認知した場合でも同じである。

「日本人の配偶者等」の業務については、私たち行政書士が国際業務を始めるとき、先輩方から必ず注意される。それくらい、偽装かどうか見極めるのが難しいのだ。特に日本人が温情から結婚してあげるケースは気をつけた方がいい。そのお相手の外国人家族を養い、自分の遺産を分け与える覚悟が必要になるからだ。どんな形であれ、夫婦には愛が必要ということだろう。

外国人問題の縮図、「コック」を考察してみる

「技能」という在留資格がある。いくつかの職種が定められているが、いちばん身近なのは外国料理のコックだ。他にも、パイロット、ソムリエ、毛皮商などが定められている。この在留

資格をめぐる問題、といってもここではコックだけだが、外国人問題の縮図のようなところがあるのでご紹介しておこう。

外国人が経営する料理店は、1980年代のバブル期あたりから増え始め、2000年頃にはかなりあちこちで見かけるようになった。それ以前もあるにはあったが、数はそう多くなく、それなりにレベルも高かった。だが、大卒資格のない外国人にとって、日本へ入国できる可能性があるほぼ唯一の資格であることもあり、外国人コックは急増した。

外国料理の調理師は、タイ料理を除き10年の経験が必要である（タイ料理は5年）。この資格は、彼らが働いたレストランが発行する在職証明書で確認する。ところが、この在職証明書が曲者なのだ。私も経験があるが、あるレストランが発行する在職証明書が明らかに偽造だった。入管は、在留資格の認定、変更、更新が却下されると、理由を説明してくれる。変更や更新の時は外国人本人も日本国内にいるので同席して聞く。認定証明書という、まだ日本の在留資格を持っていない外国人の申請が却下されたときは、当該の外国人は日本にいないので、私だけで聞くことが多い。外国人が同席していないと、入管の担当者はわりとざっくばらんな話し方をしてくれることがある。

調理師の認定が却下された理由を聞きに行くと、入管職員はあきれていった。

「同じ時期に30人以上が在籍していたことになってるんですよ。そんな大きなレストランなんですかね？」

どこかで在職証明書が売られていたのだ。ところが、こちらはどのレストランがこういうことをやらかしているのかはわからない。多くの案件を扱う入管だからこそ、こうしたことがわかるのである。私は二度三度と同じ目にあった。さすがに懲りたのと、どうやら問題はそれだけではなさそうなので、今はできるだけコックの認定案件は触らないようにしている。

通常、外国から調理師を呼ぶとき、彼らを必要としているのは日本のお店だ。ならば日本側で在留資格取得のための費用を捻出しそうなものだが、コックに関しては逆の場合が多い。多くのコックが日本で働きたいと思っているのだ。なかにはコックなどしたことのない者もいる。彼らは費用を払って在職証明書を買い、在留資格の申請費用も負担する。ところが、日本のお店側もお金をとっていることがある。こうなると、結果として私も在留資格の売買に関与することになる。関わりたくないのは、こういった可能性があるからだ。

いわゆる名義貸しもよくある。「技能」における調理師の在留資格は、あくまで本国の料理に限られる。中国料理で申請した人は中国料理、インド料理であればインド料理店でしか働くことはできない。ただし、インド、ネパール、パキスタン、バングラデシュ、スリランカは、カレー料理ということで人の行き来がある。

しかし、彼らが居酒屋で働くことはできない。ところが、インド料理店で働いていることにして在留資格を申請し、実際には居酒屋で働いているというケースもある。こういう事例は、本人たちが悪意をもってやっているという認識がないので困る。ご存じのとおり、インド料理の軒数は多い。その昔、インド料理といえば目新しく、コックの質も高かった。今はレベルも下がり、調理師も余ってきている。そういうコックが、人手不足の居酒屋で働くために、知り合いのインド料理店で働いていることにしてくれと頼むのだ。頼まれると嫌とは言えないらしい。困った人を助けてあげているという認識なのだ。

「家族滞在」の問題もある。これはネパール人のコックに多いのだが、だいたい奥さんも一緒に連れてくる。外国人労働者の家族は、「家族滞在」という在留資格で入国する。その上で、奥さんは資格外活動の許可をとり、ホテルのベッドメイキングの仕事などをしているケースが多い。つまり、稼ぎ手として連れてくるわけだ。子どもはネパールにおり、おじいちゃんおばあちゃんが面倒をみている。そして、日本でいうところの中学校を卒業すると日本に連れてくる。しかし、高校から突然日本にやってきても、入れる学校などない。

私は、日本で起業する外国人の仕事もかなり手がけてきたが、いつも問題になるのは子どもの教育である。区役所に出向いて一緒に説明を聞くのだが、区役所の職員は口を揃えて「一日でも早く来てほしい」と言う。小さい子どもでも言葉の問題で脱落し、不就学になるケースもあるが、小さければ小さいほど日本に順応できる可能性が高くなるのも事実だ。15歳くらいになって日本に来ても、アルバイトくらいしかすることがない。そして、ヒマな彼らが非行に走るなど問題を起こす。

入管もこの種の案件には手を焼いているようだ。「家族滞在」には年齢制限がないので、こういう問題が往々にして起きる。外交官の家族などであればインターナショナルスクールに通わせるなど手段はあるのだろうが、とてもそんな余裕などあるはずがない。

これを逆手にとっているケースもある。中国人の家族経営の飲食店だ。「家族滞在」は本来は週28時間しか働けないが、家族経営なのでどこ吹く風である。家族全員でお店を運営し、しっかり稼いでいる。

厚生年金未加入のケースも多い。法人になるので社会保険の加入義務が当然出てくる。ところが、まず入っていない。少なくとも、自分が手がけた企業以外で入っているのを見たことがない。厚生労働省もパンフレットを作り、外国人労働者の雇用管理の改善は事業主の努力義務であることをしきりにアピールしている。これが、外国人が事業主だと通用しない。全員が国保で、しかも年金未加入である。

給料の問題もある。インド人から、レストランを始めるので「経営・管理」の在留資格をとりたいとの相談があった。国内にいるインド人コックを雇うにあたり、給料を話し合いで決めたらしいのだが、それが月15万円であった。労働時間はランチから夜の11時まで、週7日労働。これで事業計画を作ってくれという。そもそも法定休日がないし、賃金も明らかに違法である。当時の東京の最低賃金は932円だった。8時間で週1日の休みで働いたとしたら、26日勤務で19万円を超える。その説明をすると、それじゃそうしてくれと言われたので、この仕事はお断りした。

外国人の経営する飲食店にはこういう問題が少なからずあり、独立したコミュニティができあがっている。外国人労働者の人権を無視しているのは、技能実習生をこき使っている日本人ばかりではない。外国人自身も加害者の場合がある。

第3章

実は勤勉で優秀な外国人労働者たち

ここまで、日本の外国人労働者について歴史と現状を振り返ってみた。

それでは、今この国にいる外国人は、どんな人たちなのだろうか。この章では、現行の在留資格についてご説明しながら、私の出会った印象深い外国人をご紹介しようと思う。

日本で雇用され、働ける主な在留資格を表にまとめてみた。これ以外にも、「報道」「医療」「宗教」など専門的な活動に対する在留資格があるが、一般の企業に応募した場合、採用できる在留資格という条件をつければ、この表の資格に限られると言ってよい。技能実習が含まれていないが、これは就労可能な在留資格ではなく、あくまで実習だからである。

一般企業で働くためのキーワード〝ギジンコク〟ってなんだ？

前述したように、一般企業が外国人を雇用するときに取得するのが、「技術・人文知識・国際業務」という在留資格だ。私たち入管業務に携わる者の間では、省略して「技人国（ギジンコク）」と呼ばれる。「技術」いわゆる理系、「人文知識」いわゆる文系、「国際業務」通訳・翻訳などの海外関連業務である。理系とその他二つはもともと別の資格になっていたが、現在は一つにまとめられた。その理由は、例えば、理系の学部を出た学生が情報機器の営業をしたり、会計を専攻した学生がプログラミングに携わったりということが増えてきたからだ。いわゆるオフィスワーク業務だが、単純な入力業務などは対象にならない。企業の総合職的なポジションがこの資格の主な対象である。

この資格をとるためには、大学を卒業して学士の称号を持っているか、日本の専門学校を卒業し、専門士という資格を持っていることが必要である。また、10年以上の業務経験でも申請可能だ。大卒の場合は、専門と業務との関連性は比較的緩くみてくれるが、専門学校の場合には

［就労可能な主な在留資格］

在留資格	資格の内容等	就労可能な職種
永住者／特別永住者	永住許可	就労制限無し
日本人の配偶者等	日本人の配偶者、子ども	
定住者	日系人など	
永住者の配偶者等	永住者の配偶者	
技術・人文知識・国際業務	企業の総合職等	資格に定められた職種
企業内転勤	海外企業からの転勤	
技能	コック・パイロット	
高度専門職	ポイント制による優遇資格	
経営・管理	会社経営者・管理職	
留学		資格外活動による パートアルバイト （風俗以外、週28時間まで）
家族滞在		
特定活動（就職活動）		
特定活動（難民申請者）		就労許可がある場合に限る

厳密に関連性を判断される。例えば、観光関連の専門学校卒の場合、ホテル、旅館、旅行会社といった企業であれば問題なく在留資格が下りる。

新設された特定技能を除くと、これが唯一の就労資格と言ってもよい。つまり、今まではこの資格以外に就労する方法はなかったのだ。

国立大学や有名私立大学への留学生の場合、それなりに良い就職先をみつけ、ある程度の規模の企業に勤めることになるので、簡単に「技人国」を取得する。理系であればＩＴエンジニア、設計などの職種、文系であればBtoBの営業や企画、販促、会計、総務などの職種なら、比較的すんなり資格がとれる。これが小売り店舗や工場などになると、少し難しくなってくる。日本企業の場合、百貨店や大手のスーパー、アパレル、大規模な飲食店など、日本人の大卒者も現場からキャリアをスタートさせることが多くみられる。そういう企業であれば「技人国」がとれる可能性は高い。つまり、企業規模によっても取得の可否は変わるのだ。

ところが、大学もピンからキリまであって、就職先をみつけられない留学生も多い。専門学校でも、例えばビジネスというような一見ツブしが効きそうな専門の場合、逆に勤務先をみつけるのが難しいケースが多い。海外の大学を卒業して、日本で日本語学校に通って卒業した留学生なども、日本の総合職の職場ではお声がかからない。

そこで、飲食店や工場での労働に「技人国」の資格が使えないかというのは誰もが考えるところだろう。つまり、経理などの資格で在留資格をとり、現場で働かせるという手段だ。結論から言うと、これは在留資格等不正取得罪という罪に問われる。

「偽りその他不正の手段により、上陸の許可等を受けて本邦に上陸し、又は第4章第2節の規定による許可を受けた者」（入管法第70条第1項第2の2号）

第4章第2節とは、「変更」「更新」「永住」などの許可について定めたもので、これにより、ほぼ全ての申請内容が対象になる。従来はこの条文がなかった。そのため、別の名目で雇用しても罰則がなく、現場でそういうことがまかり通ったのである。

この条文ができた後に、最初にターゲットになったのは、お恥ずかしいことに、実際には雇用しない外国人を通訳として雇用したことにした行政書士だった。食品工場で会計や通訳として雇用した外国人が、実際には焼き鳥の串打ちをしていたとして逮捕されニュースになったこともあった。こういった例は氷山の一角である。「技人国」の資格をいかにとるか、それがとれないならどうするのかというところで、悲喜交々の事件が起きるのである。

意外にハードルが高い飲食店の外国人雇用

私のところにも飲食店で働きたいという相談がくる。こういう依頼は、本来なら店の方から来そうなものだが、なぜか外国人本人からが多い。

「飲食店で在留許可が出るのは難しいよ。どんな仕事をするの？」

「今までアルバイト。正社員にしてくれる。社長さんが書類は全部揃えてくれるから大丈夫」

外国人の「大丈夫」ほど当てにならないものはない。その社長さんに連絡すると、

「今までは海外の店舗開発担当で採用していたので、今回もそれでお願いします」

「海外にお店はあるんでしょうか？」

「いや、今後検討します。それまでの間はいろんな経験を積ませる」

「実際の出店計画は出せますか？」

「いや、具体的にはまだないんですが」

こういう問合せは一件や二件ではない。入管は過去に受理した申請も確認する。何年も前に海外出店を目的として外国人を採用したにもかかわらず、その後出店計画すらないのでは、結

局は現場作業での採用だろうと思われる。申請を出してみても、まず通ることはない。いくら社長さんが、何年か後に海外進出したいという大きな夢を持っていたとしても、そんな先のことならその時に雇ってくれということだ。

「うちは観光地にあるから、外国人がいっぱいくる。お店に通訳が必要だ」

こういうのも、実際に必要であっても申請が通るのはまず無理である。

「飲食店の通訳は、『技術・人文知識・国際業務』の対象業務とはみてないんですよ」

飲食店の注文のレベルなら、メニューさえちゃんと準備しておけば、通訳なんかなくてもどうにかなるでしょうということである。

しかし、中小・零細の飲食店や食品工場だから、「技人国」の申請がすべて却下されるかというと、そうでもない。仕事の内容が明確であれば、小さな会社でも許可が下りる。

私が行政書士になる前のことだが、時々通っていた飲み屋でこういう話があった。働き者で、頭も愛想もよい中国人留学生のアルバイトがいた。店を何店舗か増やすにあたり、中国人向けのプロモーション、旅行会社との打合せ、お店にくる中国人との予約打合せなどの業務があるので、ビザを申請してみるという。観光地でもあり、それらの業務が必要だということを訴えたのだろう。無事に許可が下りた。

たくましくしたたか、中国の若者の人生設計

この中国人には、別の逸話がある。少し脱線するが、印象が強かったのでご紹介しておく。

私が行政書士になってから、家の近くで彼とすれ違った。スーパーの買い物袋を下げていたので、「家はこの辺だったっけ」と尋ねると、「はい、マンションを買ったので」と言う。

まだ就職して1年ちょっとである。すでに同郷の女性と結婚していて、今度、子どもが生まれるという。

「よくお金があったね」と聞くと、ローンを組んだらしい。永住者でない外国人が、日本の銀行からお金を借りるのは難しい。中国人に限って言えば、中国系の金融機関が、不動産を買うなら担保があるので貸すのだろう。それにしても、マンションを買うために頭金がいる。

しばらくぶりにその店を尋ねたときに、オーナーに「彼マンション買ったんだって?」と尋ねると、「そうなんだよ。うちで働いたあとに、朝まで営業している焼き鳥屋で働いてたらしくてね、学生時代に彼女と二人で頭金を貯めたらしい。たぶん五～六百は」とあきれていた。

一方で、「すごいよねぇ、俺が20代のころなんて遊びたいばっかりで、そんな先を見通してな

かったよ」と感心もしていた。

すでに前章で説明したとおり、学生アルバイトが働けるのは、1週28時間が限界だ。雇用する側は気をつけていても、ダブルワークをされるとわからない。ダブルワークの先が一切届出をせず、源泉の納税もしていなければ、入管にはわからない。他の企業で働いていて、その結果28時間を超えた場合でも、雇っている側も不法就労助長罪になる。すでにご紹介したように、この罪は過失であっても問われるので、企業側としては、ダブルワークの禁止規定を使うなりして対応策をとるしかない。

彼の場合は明らかなオーバーワークなので褒められたことではないのだが、それ以上にこの中国人の若者の人生設計には驚かされた。その後、彼はダブルワークを禁止されたのだが、今度は化粧品を安く仕入れて中国へ送る副業でしっかりと稼いでいた。最近は中国の輸入関税適用が厳しくなり、化粧品も難しくなってきたので別のビジネスを考えるという。知恵も体も使って稼いでいるわけで、たくましくしたたかである。

副業をしている日本人も確かにいる。本業はそこそこで、副業で稼ぐという話も聞く。私も独立しようとしていたころは本業に集中できず、それに近かった。しかし、彼らの場合はそれとは違う。本業でも、副業でも、仕事で手を抜いているわけではない。「日本人は勤勉だ」というフレーズがむなしく聞こえる。

これらの話からは、いろいろ考えさせられることがある。

まず、知らなかったにせよ外国人にオーバーワークをさせた日本人は、少々問題がある。外国人を雇用するときには、日本人にはない制限があることを学ばなければいけない。

外国人の多くは出稼ぎである。少しでも稼いで、自分の国で家を建てたい、ビジネスを始めたいという者が圧倒的に多い。彼のように何時間でも働きたいと思う外国人は多いだろう。残業代をあてにしている日本人もいることを考えれば、なにも不思議なことではない。そして、彼らの国ではそれも許されるかもしれない。

しかし、日本の労働基準では、そんなことは許されない。それなら給料を上げろということも起こるかもしれない。彼らに理解を求めることも必要だろう。

MBAを取得していた居酒屋バイトのインド人

本国で大学を卒業して日本語学校を卒業しても、日本で総合職の仕事を見つけるのはなかなか難しいのだが、アルバイトから運よく仕事にありついたインド人がいた。彼はMessenger

で、どうすれば日本の会社に就職できるのかと尋ねてきた。居酒屋で働きながら、日本語学校で日本語を勉強し、すでに2年になる。居酒屋ではお店を仕切る立場にいたようだ。

「ぼくがやめると店長こまるだろうな」と言っていたが、日本語学校で在留資格をもらえる上限は2年である。それ以上、日本にいたければ、専門学校や大学へ進学するか就職するしかない。彼の場合、専門学校にも大学にも進学するつもりはないようだった。最終学歴を確認したら、本国でMBAを取得していた。しかも、英語はもちろん、流暢な日本語を話し、その上ドイツ語まで話せる。

彼が私に尋ねたかったのは、具体的な仕事の探し方、応募の仕方だった。専門学校や大学なら、就職支援などもあり、それなりに仕事を探す手段がある（それでも就職率は36％程度である）。日本語学校の場合、卒業したあとのステップは、専門学校や大学へ行くというケースが多い。彼の行っている日本語学校でも、進学を前提にしていたようで、就職のケアはしていなかった。そのため、具体的な応募の仕方や面接の受け方などがわからなかったのだ。

「日本人が仕事を探すときは、インターネットの求人サイトやハローワークなどで探すんだよ」といくつかのサイトを教え、履歴書の書き方も教えた。積極的にあちこちに応募をしていたが、なかなか決まらなかった。さすがに彼も少しクサってきたが、日本人だって何十件も応募してようやく職場が見つかることだってある。それを説明して納得させ、その後も数件応募したが、やはり決まらなかった。

ところが、彼が就職活動をしていることを知ったアルバイト先の居酒屋の店長が、「彼にいなくなられたらこまる」と、本部に異動していた前の店長にかけあった。その居酒屋は数十店舗を構えるかなり大きな規模の会社で、現場以外にも「技術・人文知識・国際業務」に相当する職種がある。例えば、新店舗の立ち上げなど、店舗の契約から開業、軌道にのるまでを担当する業務であれば、在留資格が下りる可能性がある。店長と一緒に相談にきた本部の方に説明したところ、あっという間に就職が決まった。

結局、彼は本部勤務になったので、最初に彼を必要だと本部に相談した店長には気の毒な結果になったと言える。だが、ビジネス系の学位を持っている彼にとってはうってつけの仕事になった。

働き者ゆえに追い出されたネパール人

ここまでは、運よく「技人国」をとれた外国人の話だが、ここからはたどり着かなかった留学生の話だ。

私のところに相談に来た外国人のなかには、オーバーワークで帰国しなればならなかった留学生が多くいる。あるネパール人は、学校にはまったく行かず、月に400時間も働いていた。もちろん勉強をしに来ているわけではない。留学は働くための手段であって、典型的な偽装留学生である。彼は、体を壊して学校へ行けなかったことを理由に、在留資格の延長をしてもらいたいとスポンサーである学校に訴えたが、学校もそれほど甘くはない。

「学校がこれ以上スポンサーになってくれない。なんとかならないか？」という相談だった。

「帰国するしかない」と言うと、淋しそうに帰っていった。ところが、1年半後、再びそのネパール人がやってきた。

「難民申請をしました」と言う。偽装留学の次は偽装難民である。前章でも説明したが、この当時は、難民申請さえすれば申請後6ヵ月のちに自動的に就労許可がもらえた。雇う側は、働いている外国人にそんな事情があることなど気がつかなかっただろう。まだ学生のままだと思っていたかもしれない。今まで働いていた職場にそのまま勤めていて、相変わらず長時間労働をしていた。

今度は、「難民申請が却下されそうなので、どうにかしてほしい」という相談だった。してあげられることはないのでお断りしたが、こういう外国人は少なからずいる。働かされたのではなく、自分の意思で働いたのだ。ギリギリまで働いてくれるのはありがたいと思っている少しブラックな職場もたくさんあるだろう。彼の場合は、そういう会社と利害が一致したわけである。

一方で私が感心するのは、それを嫌と言わずに働いた彼の根性である。確かに、留学や難民という制度を悪用したことに問題はある。しかし、よく考えてみると、彼らはみな働き者なのだ。寝過ごして仕事を休む日本人と比べてどちらがいいかといえば明らかである。

日本人より優秀な偽装難民の労働者たち

偽装難民の外国人の話も紹介しておく。

自動車部品の工場を経営している会社からの相談だった。数年前に難民申請者を何人か雇った。国籍は様々である。彼らはみな、おそろしく優秀だという。どこが優秀かというと、まず英語が読める。自動車部品のオーダーは、海外からのものもたくさんある。それらのオーダーは当然英語で入ってくる。現場の製造過程に落とし込むには、英語が読める上に工程の組み方や技術の知識もなければならない。

「日本の方が技術は高いから、彼らへの訓練は必要なんですが、覚えるのが圧倒的に早いんです」

すでに、工場を一つ任せてもいいと思う人材もいるという。

しかし、難民申請者からの変更は、受理されても許可されることはありえない。

「今はいいんだけど、いずれ審査が終わればいられなくなるんですよね。その前にどうにかならないもんでしょうか」

「彼らは本当に難民なんですか」

この質問には、社長さんは口を濁した。

残念ながら、一度帰国してもらうしかない。難民審査と在留資格の審査は別のものである。以前には難民申請者から別の資格への変更が認められたこともあるが、これはすぐに認められなくなった。認めてしまえば、先のネパール人のように学校へ通わず働き続けて資格を失った学生が、難民審査経由で別の資格を得られることになるからだ。

とはいえ、会社側からしてみると、「日本人よりずっと優秀じゃないか、なぜ駄目なんだ」ということになる。社長の持参した彼らの履歴書を見させてもらったが、全員大卒だった。技術系の出身もいた。彼らが難民としてしか職に就けないというのももったいない話だ。

もっとも、最近は現地で日本企業の合同説明会なども開かれ、企業側もそこで積極的に採用する傾向もある。今後は正規ルートで入ってくる外国人も増えるかもしれない。彼らのような人材が特定技能をとって現場に入り、成長して「技術・人文知識・国際業務」に資格変更した上で幹部になることもあるだろう。

外国人をはじめて雇用したある不動産会社の社長は、いくら求人広告を打っても日本人の応募はなかなかないと言って嘆いていた。応募があったと思っても、面接の約束を入れておきながら来ないなんていうのはざらなのだそうだ。

ある外国人が面接時間に約束通りに来て、日本語も話せるし大学院卒なので雇ってみたという。「うちの規模の不動産屋では、日本の大学院卒は来ないですよ」と言って喜んでいた。

その外国人はとくに優秀というわけでもなかったようだが、彼はあっさり職を手に入れたわけである。外国人にも日本人にも、いいかげんな人間はいる。優秀なのもいるし、そうでないのもいる。

しかし、優秀でなくても、一生懸命働く人はそれなりの成功を手に入れるだろう。少なくとも、ハングリー精神の面では彼ら外国人に軍配が上がる。外国人にとって、その仕事は自分が本来いるべきポジションではないと感じているかもしれないが、日本にいるためにはなんでもやらなければ、在留資格を失う可能性がある。常に死に物狂いなのだ。

永住権の大安売り？「日本版グリーンカード」

２０１７年4月、「1年で永住」というニュースが流れた。研究者やＩＴエンジニアなど、優秀な労働力は今や世界中で取り合いである。これら優秀な人材を日本に引き留めておきたいという趣旨で、「日本版グリーンカード」として公表されたのだ。在留資格でいえば「高度専門職」という資格がこれに相当する。

申請者の経歴、能力などをポイント化し、70ポイントを取得すれば優遇措置を与えるというシステムだ。２０１３年に特定活動で運用が開始され、２０１５年に「高度専門職」という在留資格が新設された。そして２０１７年、それまで5年の在留期間で永住申請が可能だった優遇措置をさらに短縮し、70ポイントで3年、80ポイントでは1年で永住申請が可能になった。

その他にも優遇措置がある。まず、在留審査が速い。10日程度で審査が完了する。最初から5年の在留期間が付与される。さらに一定の条件下での親の帯同や家事使用人の帯同も認められる。技術者として働きながら、自分で会社経営に携わるなど、複合的な活動も可能だ。配偶者の労働条件も、他の「家族滞在」などよりも緩和されている。

高度専門職は、学術研究分野、企業の専門職分野、経営・管理の分野に分かれ、それぞれポイント加算表に基づいて計算していく。学歴、経歴、年齢、収入が大きな判断要素だが、特に指定された上位校を卒業していれば特別加算がある。特許開発、論文数、日本語能力などでもポイントが加算される仕組みだ。例えば、大学院を卒業して修士の資格を持ち、社会人歴8年、32歳で年収が800万円だとすると、下表のようなポイントになる。

地上と宇宙空間の通信インフラを開発している株式会社インフォステラという会社がある。この会社には、世界中から優秀なエンジニアが集まってくる。100ポイントを超えるエンジニアも何人かいる。こういうエンジニアは、世界中どこへ行っても仕事ができるだろう。1年で永住申請が可能であったとしても、この国に魅力がなければ無理をして日本にいる必要などない。この会社と仕事の内容、日本という国に魅力があるからこそ、わざわざやってくるのだ。

学位	修士	20
経歴	7年以上	15
年齢	30歳から34歳	10
年収	800万円以上900万円未満	30
合計		75

1年で永住申請ができる優遇措置には、法的安定性を早期に付与する以上の意味はない。2017年6月時点で8515人が認定された。政府は2022年までに2万人を目指すとしているが、それでも少ないし、それだけの外国人が来てくれるかもわからない。「日本版グリーンカードは永住の安売り」などと一部ネット上では批判されていたが、まったく必要としていない外国人も多いのだ。

外国人が日本で会社を興すには？

私の事務所の重要な業務に、外国人の創業支援がある。彼らは私の事務所のホームページをみて、WhatsAppやFacebook Messengerなどからメールで連絡してくる。多くは冷やかしかビザほしさの問合せだが、年に何度かはまともな問合せがある。飛び込みの問合せなど、年に数件あれば十分だ。一人の対応をしっかりやれば、その起業家は必ず次を紹介してくれるからである。

日本で外国人が法人を設立するのはそれほど難しくない。ただし、ビザをとるとなると話は別である。

日本人が起業する場合、資本金の額は問われない。10万円でも1万円でも可能である。だが外国人の場合は「経営・管理」というビザの要件として、５００万円の投資、もしくは2人以上の雇用という条件がつく。５００万円の投資は、資本金で説明ができる。もちろん、原資はどこからきたのかを説明する必要がある。例えば、数年間の収入証明や積み立ててきた銀行口座の証明書を見せればいいだろう。もちろん、2人以上の日本人や「永住者」など身分系の資格を持つ外国人を雇用すれば要件を満たすが、この場合には彼らにどうやって給料を払うのかを証明する必要がある。結局、資本金で証明する方が手っ取り早いので、こちらはあまり使われることはない。

外国人が「経営・管理」の資格を取得しようとする場合、海外にいる外国人と、すでに日本で「技人国」や「留学」の資格などを持っている外国人とで流れが違う。

一般的な方法として、まずは会社を作る。会社を作るときに必ず必要なのが、個人の印鑑証明書だ。すでに在留資格があれば、日本に住所があるので区役所や市役所に行って印鑑登録をすればよい。その外国人が海外にいるなら、その国のサイン証明書で代用ができる。

次に、本店の住所を決めなければいけない。日本人の場合には、自宅に会社の住所をおくことも可能だが、外国人の場合には事務所を借りないとビザが下りない。これは事業実態の確認のためで、具体的な事務所も事業実態を確認するための手段の一つになるからだ。日本に住所がある場合には、事務所を借りるのはそれほど難しくはないが、海外に住む外国人の場合には、そもそも日本に住所がないので不動産を借りることも難しい。

そのため、国内に住所のある人がいったん役員になって会社を設立し、本人が資格をとったら役員を交代するという手段をとることが多い。

もし許認可事業であれば、許認可申請をしてから在留資格の申請をする。ここで困ったことが起きる。例えば、レストランを経営しようとした場合、まず飲食店営業許可をとる。それから在留資格の申請をすると、許可が下りるまでの数ヵ月、場合によっては半年以上、営業ができないことになる。

そこで、永住などの在留資格のある外国人や日本人を経営者にして、店の経営自体はスタートさせてしまうのである。そしてビザの申請をするという手続きをとる。実際には本人も経営に関わっているのだが、この間は収入のある活動はできないので無給である。

「技人国」の場合には、内定通知書などで申請が可能な代わりに、在留資格が下りるまでは仕事ができない。ところが、「経営・管理」の場合は、ここが曖昧である。入管職員も「外国人が在留資格を取得する前に経営にあたった場合、入管法違反にあたる可能性がある」と曖昧な回答をする。これは、ペーパーカンパニーでの申請を防ぐためだ。つまり、先にビジネスを動かして事業実態を見せないと、審査が前に進まないのである。

ペーパーカンパニーを防ぐ手段として、日本人従業員の雇用義務を付けるという方法がある。例えば、設立後2年以内に、社会保険加入の日本人を最低1名雇用しなければ更新できない、というような基準である。これは会社設立時には効果がないが、一定の抑止力にはなる。前章の最後で触れた外国人経営のレストランなども、これを義務付けると孤立化するのを防げる。外国人だけで運営することができないようにするわけだ。

ただし、多くの先進国では現地人の雇用義務はない。そのため相互主義が働く可能性があるが、例えばオーストラリアやドイツは現地人の雇用ができないときに限り外国人を雇用できる。日本でも工夫すれば十分可能ではないだろうか。

したたかを絵に描いたような外国人経営者たち

会社の設立の段階でここまで大変なので、外国人経営者はかなりしたたかである。そんなしたたかな経営者たちを少しご紹介しておこう。

彼らの仕事は様々だが、なかでも多いのが貿易だ。中古の農機具を日本で買い取って輸出しているエジプト人がいる。彼はエジプトにも会社を持っており、そこからアフリカ諸国に販売している。

彼が税込み110万円で購入した機器は、いくらでエジプトに売るのだろうか。答えは110万円だ。輸出品には消費税がかからないため、彼が仮払いした消費税分の10万円が戻ってくる。つまり、年間1億1千万円の取引をすると、1千万円が戻るのだ。彼の給料や事務所の家賃はここから支払われる。日本の税制を利用した手法だ。

このケースは極端だが、多かれ少なかれ貿易商は似たような手法をとる。相手国の関税のことを考えても、売価は低い方が良い。

中古車の輸出というと、パキスタン人も圧倒的に多かった。ところが、ある時パキスタン政府が突然、中古車取引に係わる送金に待ったをかけた。物は送れるが、送金できないのだ。これでは商売にはならないので、彼らは生き残り策を考えざるを得なくなった。

まず、自国へ売るのを諦め、タイやインドネシアなどへの取引を考えた。車ではなく、パーツで売る方法を考えた者もいる。パキスタンの製品を日本に売り、輸出代金と輸入代金を相殺するという手段を考えた者もいる。ただ、日本市場を切り崩すのは時間がかかるので、ある起業家はパキスタン製品を比較的売りやすい中東諸国に目をつけた。まずは、パキスタン製品（宝石や革製品などが有名）を購入してくれるお客を中東で探す。中東のクライアントには、日本にある自分の会社へ発注してもらう。そして、日本の会社はその製品をパキスタンに発注する。物はパキスタンから中東の国へそのまま送られるが、資金は日本に入ってくる仕組みだ。この資金で中古車を購入し、パキスタンに送る。そして、中古車代金と中東に送ったパキスタン製品の代金を相殺するのだ。

日本にもすばらしい企業家はたくさんいるが、彼らの知恵と行動力、したたかさには本当にいつも驚かされる。

浅草で着物屋になったフランス人

私の事務所がある浅草は、日本でも有数の観光地のひとつだ。人力車での観光案内、レンタル着物など、様々なビジネスが展開されている。これらのビジネスのなかには、外国人がやっているものも多い。

浴衣や振袖は、外国人観光客の女性にとっても憧れのようである。最近は、浅草散歩を和装で楽しむ外国人で溢れている。そして、そんな女性たちを撮影する外国人カメラマンもいる。せっかく日本の着物を着たのだから、プロのカメラマンに撮ってもらいたいという女性も多いのだ。日本の結婚式のコスプレも人気である。レンタル着物のお店とタイアップしたり、自ら着物屋を経営したりしている外国人もいる。海外から予約できるのが便利で、インバウンド需要でしっかり儲けている。

着物の話のついでにユニークな起業家を紹介しておこう。

私のクライアントの一人に、着物趣味が高じて中古の着物屋を始めたフランス人の若者がいる。

その若者から連絡があったのは、2017年の秋である。ワーキングホリデーで日本に来ており、たまたま私の事務所近くの古着着物の専門店で働いていた。ワーキングホリデーが終わったら帰国しなければならないが、自分も日本で着物屋をやりたいという。彼の場合、大学を卒業していなかったので、自分でビジネスをする以外には日本に滞在する方法がないことを知っていた。

それにしても、なぜ着物屋なのか。

浅草は、世界的な映画監督である北野武が若い頃にフランス座に出演していたこともあってか、フランス人には人気がある。街を歩いていても、中国語の次に多く聞こえてくるのはフランス語ではないだろうか。そんなこともあり、英語もフランス語もできる彼は、その着物店で雇ってもらうことができた。とはいえ、勤め始めたときは、着物にはあまり興味がなかったようである。

ところが、着物店というのは案外時間がある。数百円、数千円の小物を売っているわけではないからである。もちろん、観光客がお土産に小物を買っていくのでそれなりに忙しくはあるのだが、それでもけっこう時間があったらしい。空いた時間は暇なので、あれこれ着物を眺めているうちにすっかりとりこになってしまったという。給料をつぎ込み、大正時代の豪華なデザインの着物を買い集め、1年で着物のプロフェッショナルになってしまった。

幸い、東京都の特区制度である外国人創業人材受入促進事業が利用でき、数ヵ月でビザが下りた。浅草であちこち物件を探したがなかなか見つからず、数ヵ月後に柴又でお店を開くことができた。金髪で青い目をした着付けの上手な着物商は話題となり、時々マスコミにも取り上げられている。

白タクをめぐるあれこれ

観光需要でよく話題になるのが白タクである。留学生などがよくアルバイトでやっている。白タクは友達を乗せているだけにも見えるので、取り締まるのが難しい。

彼らは海外で受注し、決済も海外で終わらせる。客が日本にやって来ると、空港まで迎えに行き、ホテルまで送る。観光案内もする。もちろん観光目的以外にも需要があり、ビジネスマンが彼らを雇うことも多い。

私のところに起業の相談に来る外国人のなかには、本国ですでに成功を収めたビジネスマンも多い。彼らは日本で効率よく動きたいので、運転手付きの車をチャーターする。しかし単なる運転手ではない。アポイントを取ってくれというと代わりに電話をして、スケジュールの管理などもする。打合せをしている間にお土産を買ってきてくれと言われると、代わりに買い物もする。食事の費用も立て替える。雇った外国人は日本円を持つ必要すらない。利用しがいのある秘書兼運転手である。私には経験がないのでなんとも言えないが、ここまでの業務であれば、「技術・人文知識・国際業務」を与えてもよさそうなものである。

ただ、中国人がやっている空港の送り迎えや観光案内となると難しいだろう。周りの日本人にこの話をすると、みなけしからんと言うのだが、少し考え方を変えてみると、日本企業はこういった需要を取りこぼしているとも言える。役員秘書や役員運転手の派遣、外国人顧客とのやりとりを代行する会社もあるので、まったく手つかずではないのだろう。

しかし、規制緩和によってまだまだ開拓の余地があると思われる。例えば、日本のタクシー会社がこの分野を積極的に開拓しようとすると、二種免許を外国人にとらせる必要が出てくる。さらに在留資格取得も必要だが、そもそもタクシー運転手やバスの運転手がとれる在留資格がない。永住者か日本人配偶者、日系人から雇用する必要が出てくる。規制緩和でタクシー会社が対応できるなら、白タク自体は減るはずだ。海外で決済されて、税金を取り損ねているのであれば、合法化して需要を取り込むのも一案だと思うのだが。

白タク問題は外国人特有の問題のように語られることが多いが、実は日本人が経営している場合もある。

「帰化」と「永住者」はどう違う？

さて、この章の最後に「永住者」について説明する。永住者になれば、カードの更新こそあれ、審査なしで日本に滞在し続けられる。

時折、ネット上のコメントなどでも、日本国籍を持つ「帰化」と混同している人がいるようなので、永住者との違いを簡単に説明しておこう。

帰化とは、日本人になることである。外国人の間では、「ジャパニーズ・パスポート」と言ったりする。一般的な外国人、つまり日本人と一切関わりのない外国人が帰化するためには、過去5年以上、適法に日本に在留している必要がある。さらに、一般的には就労系の資格を3

年以上保有しているのが望ましい。つまり、生計要件として、過去3年間の収入状況が審査されるわけだ。帰化するためには、元の国籍から離脱する必要も出てくる。つまり、自分の国を捨てて日本人になるということだ。当然、日本語能力も問われる。

一方、永住者とは、外国人のまま日本に永続的に滞在できる在留資格である。外国人のままなので選挙権などはないが、ほぼ日本人と同じ生活ができる。銀行で住宅ローンも組める。ただし、外国人のままなので、国外に出たときに、再入国の認められた期限を過ぎれば資格を失う。

実際、再入国の上限を過ぎてしまい、日本に入国できなくなったお子さんがいる。お母さんが外国人で永住者、お父さんは日本人なのだが、お父さんが認知してくれなかった。この子にはお兄さんもいて、そちらはお父さんが認知してくれている。つまり、日本国籍である。お母さんは二人を育てることが難しかったので、日本国籍を持っていない方のお子さんを自分の国へ帰して両親に預けた。再入国期間の上限である5年以内に連れてくればよかったのだが、それができなかったために、その子は永住者の資格を失ってしまったのである。

その子が日本に入国するには再度、在留資格を取得しなければならないのだが、今度は永住者であるお母さんの収入が問われる。お母さんには二人を養うだけの収入がなかったので、このときは呼び戻すことができなかった。

永住者になるためには、原則として最低10年継続して滞在している必要がある。そして、就労資格を保有している期間が5年以上なければならない。つまり、留学から就職という過程の場合、日本語学校2年と大学4年で計6年、それに5年の就労期間を加えなければならないので、最低でも11年が必要になる。来日して大学の3年に編入したのなら、大学への在籍期間2年に8年の就労期間が必要になるということだ。

また、申請時には、各々の資格で最長の在留期間を持っている必要がある。現在のところ、「技術・人文知識・国際業務」は最長5年だが、暫定的に3年でも可としている。この10年には例外があり、下表のように定められている。身分系と言われている在留資格と高度専門職に優遇措置が取られているのがわかる。

［永住への道］

在留資格	在留期間	その他の条件
原則	10年	就労資格5年
日本人、永住者及び特別永住者の配偶者	1年	実体を伴った婚姻生活が3年以上
定住者	5年	
難民認定者	5年	
高度専門職（70ポイント）	3年	
高度専門職（80ポイント）	1年	

［帰化の法律上の要件］

1. 住所条件（国籍法第5条第1項第1号）
帰化の申請をする時まで，引き続き5年以上，適法な住所，正当な在留資格で日本に住んでいること。
2. 能力条件（国籍法第5条第1項第2号）
年齢が20歳以上であって，かつ，本国の法律によっても成人の年齢に達していること。つまり本国では18歳であっても，20歳以上でなければ要件を満たさない。
3. 素行条件（国籍法第5条第1項第3号）
素行が善良であること。犯罪歴の有無や態様，納税状況や社会への迷惑の有無等を総合的に考慮して，通常人を基準として，社会通念によって判断される。
4. 生計条件（国籍法第5条第1項第4号）
生活に困るようなことがなく，日本で暮らしていけることが必要で，この条件は生計を一つにする親族単位で判断される。申請者自身に収入がなくても，配偶者やその他の親族の資産又は技能によって安定した生活を送ることができれば，この条件を満たす。
5. 重国籍防止条件（国籍法第5条第1項第5号）
無国籍であるか，原則として帰化によってそれまでの国籍を喪失することが必要。なお，例外として，本人の意思によってその国の国籍を喪失することができない場合については，この条件を備えていなくても帰化が許可になる場合がある（国籍法第5条第2項）。アルゼンチンのように国籍離脱のための法的手段がない国もある。
6. 憲法遵守条件（国籍法第5条第1項第6号）
日本の政府を暴力で破壊することを企てたり，主張するような者でない者，あるいはそのような団体を結成したり，加入していないこと。

日本と特別な関係を有する外国人（日本で生まれた者，日本人の配偶者，日本人の子，かつて日本人であった者等で，一定の者）については，帰化の条件が一部緩和されている（国籍法第6条から第8条まで）。

［永住者の法律上の要件］

(1) 素行が善良であること
法律を遵守し日常生活においても住民として社会的に非難されることのない生活を営んでいること。
(2) 独立の生計を営むに足りる資産又は技能を有すること
日常生活において公共の負担にならず，その有する資産又は技能等から見て将来において安定した生活が見込まれること。
(3) その者の永住が日本国の利益に合すると認められること
ア 原則として引き続き10年以上本邦に在留していること。ただし，この期間のうち，就労資格又は居住資格をもって引き続き5年以上在留していることを要する。
イ 罰金刑や懲役刑などを受けていないこと。納税義務等公的義務を履行していること。
ウ 現に有している在留資格について，出入国管理及び難民認定法施行規則別表第2に規定されている最長の在留期間をもって在留していること。
エ 公衆衛生上の観点から有害となるおそれがないこと。

※ ただし，日本人，永住者又は特別永住者の配偶者又は子である場合には，(1) 及び (2) に適合することを要しない。また，難民の認定を受けている者の場合には，(2) に適合することを要しない。

究極の目的は永住権を持って帰国すること!?

法律上の外観だけを見ると、帰化より永住者の審査の方が厳しいように思えるだろう。自分の国を捨てる覚悟が問われる帰化と、外国人のまま日本人と同じような活動ができる永住を比べれば、永住者の審査の方が厳しくても当然だ。ただ、実際の審査では帰化でもかなり苦労する。

私のところにくる外国人からも、永住について度々質問がある。ただ、質問をする外国人がみな永遠に日本に住み続けたいかというとそうでもない。

例えば、ある専門学校に通うネパール人の留学生は、早く永住者の資格が欲しかった。しかし、将来の夢は日本で稼いでネパールで会社を作ることだという。永住者の資格を取得できれば、わずらわしい在留資格の更新が必要なくなる。仕事をクビになっても、落ち着いて次を探せるし、その間にアルバイトもできる。法的安定性が欲しいために永住を望む外国人も多いのだ。

帰化と永住とどちらがいいか、という質問をしてくる外国人には、この国にずっと住み続けたい者が多い。子どもに少しでも強いパスポートを持たせたいと思うのは当然だが、それでも帰化を選ぶのはごくわずかだ。いくら日本のパスポートが強くて魅力的だといっても、生まれ育った自分の国を捨てるのは難しい決断なのだろう。

永住者の申請は原則10年だが、実際には素行、生計、日本への貢献等、様々な要件を満たす必要がある。それを証明するための証憑類も少なくないので、それほどハードルは低くない。ただ、私はもう少し厳しくてもいいのではないかと思うところがある。その点は後でお話ししたい。

夫婦で日本で生活している場合、一緒に帰化申請をするのが一般的だが、あえてどちらか一方だけが帰化することがある。中国籍のご夫婦などに多い。日本人が観光などで中国へ行こうとする場合には、15日を上限として滞在が認められる。だが、どちらかのご両親が倒れたりして、付き添わなければならないケースも考えられるだろう。そうなってからビザを申請しても間に合わないので、どちらか一方は中国籍のまま「日本人の配偶者等」にしておくのだ。日本人の配偶者は、3年以上の実態のある結婚生活と1年以上の日本滞在で永住申請ができる。

また、アジア諸国には、外国人に不動産保有を許可していない国がある。帰化した瞬間に財産を没収されてしまうのを避けるために、夫婦のいずれかが母国の国籍を残すケースもある。もし老後に母国に帰って暮らすとなった場合、今度は日本に帰化した方が配偶者ビザで生活することもできる。

ハングリーで優秀な外国人労働者たち

この章では私の事務所にやってくる外国人をご紹介したが、そこから見えるのは、彼らは働き者で、したたかで、根性があるということだ。みながみな、こういう外国人ではないだろうが、大半は頑張り屋で優秀だと私は思っている。

理由は簡単で、彼らは日本人より働いて結果を出さなければ認められないからだ。これは、おそらく世界中同じだろう。15年ほど前に、太平洋戦争前後のアメリカに興味があって、アメリカに渡った日系人についての資料をまとめて読んだことがある。彼らは正直で働き者で、アメリカで大きな財をなした人も多い。その逆が今、起こっているのだ。

日本人は、自分たちは勤勉だと思っているかもしれないが、外国へ行って稼ごうと思えば、その国の国民の何倍もの努力をしなければ生きてはいけない。私たちの国にやってきて働いている外国人も、そういう人たちなのである。

第4章

「特定技能」導入で露呈した日本の強みと弱み

ここまで、日本にどんな外国人がいるのか、いたのかを紹介してきた。一般の日本人にはあまりなじみのない在留資格についても説明してきた。日本はすでに多くの外国人に依存してきていることがおわかりいただけたかと思う。

1980年代にいた不法滞在の労働者
Uターン政策の名を借りた日系人労働者
最低賃金で使われる実習生という名の労働者
名ばかりの留学生
働くためにやってきた偽装難民
コックや経営者の家族たち

これら、労働者とは呼ばれなかった労働者に、わが国は40年近く支えられてきたのである。法律がどうであれ、仕事があれば外国人はやってくるのだ。

新設された「特定技能」という制度

「労働者」と明確に名乗ることが許される外国人に付与されるのが、2019年施行の改正入管法により新設された「特定技能」という在留資格だ。ところが、蓋をあけてみたら、2019年にこの資格に登録した外国人は政府想定の1％にすら満たなかった。

なぜ労働者は来なかったのだろうか。日本はすでに魅力のない国で、選ばれなかったのだろうか。労働者だけではない。文科省が作成している「外国人留学生の就職促進について」という資料がある。平成28年度に大学の学部を卒業した外国人は、2万3946人。そのうち、国内で就職した外国人は8610人で、就職率は36・0％である。同じ時期の新卒の就職率は97・6％、これは外国人も含む数字である。留学生のなかにも大学院へ進む学生がいるだろうから、100％になることはないが、学部を卒業した留学生の国内企業への就職率はかなり低いことがわかる。

なぜ日本は選ばれていないのか。

本章では、まず「特定技能」について簡単におさらいしておこう。政府は単純労働という言葉を否定しているので、ここでは技能労働者と呼んでおこう。つまり、たんたんと同じことを繰り返す単純な仕事ではなく、一定の熟練した技能を持つ労働者という位置付けである。例えば、溶接や塗装といった仕事は、現場で汗をかく労働ではあるが、誰でもすぐにできるものでもない。そういった位置付けの仕事と考えればいいだろう。

「特定技能」で各々の業種に指定されている活動内容は、「技能実習」とほぼ同じである。ただ、実習ではなく正規の雇用者である点が大きな違いである。特定技能には1号、2号があり、2号はより高度な技術を持つ労働者、現場のリーダー的な存在に付与される。ただし、2号については当面、建設と造船・舶用工業の2業種にしか許可されない。以後、特に言及しなければ1号のことと思っていただきたい。

特定技能の特徴を列挙してみると、次のような点が挙げられる。

1　手厚い保護

①　日本人と同等以上の報酬

②　直接雇用の原則

③　手厚い生活支援制度

2　日本語と技能能力の試験

① 日本語能力試験
② 技能試験
③ 技能実習生の特典

3 移民対策

① 在留期間に上限
② 家族滞在を認めない
③ 在留期間が永住要件に算入されない

4 業界と受け入れ人数が指定されている

「日本人と同等以上の報酬」が採用をためらわせている

特定技能の外国人を採用する場合、まず日本人と同等以上の報酬を支払うことが求められる。これはあたりまえで、従来からある「技術・人文知識・国際業務」でも、外国人であることを理由に差別をしてはいけないことになっている。ところが、実際にはそうなっていない。運よく居酒屋で「技人国」の在留資格を取得した外国人が、深夜勤務で3年働きながら一度も昇給がなく、20万円の給料のままというケースもある。

経営者側からよく聞こえてくるのが、「15万円程度で雇える外国人はいないのか」といった話だ。技能実習では、最低賃金こそ守らなければならないが、特にそれ以上の制限はない。3年間使ったら人を差し替えればいいと思っている経営者も少なからずいるだろう。そのため、あれこれ理由をつけて会社の立替金を天引きし、毎月100時間近く働いていても手元に残るのは数万円というケースもあった。技能実習生はどのくらいの水準の仕事をしているかというアンケートをとった結果、70％近くが5年勤続の日本人と同等という回答をしているにもかかわらずだ（労働政策研究・研修機構調べ）。

外国人に対する人件費が安いという問題は、人権問題であるのはもちろんだが、そもそも日本のためにならない。これは現場労働者だけの問題ではない。エンジニアも優秀なマネージャーも、人件費が安い国に行きたいと思うだろうか。

例えば、ある資料で非製造業のマネージャークラスの人件費を比べてみると、オーストラリアは日本の1・5倍、ニュージーランドも10％以上高く、シンガポールはほぼ同じ、韓国との差も15％程度でしかなかった。これで、日本で働きたいと思う外国人がどれくらいいるものだろうか。

外国人を入れると賃金が下がる？

外国人の受け入れに反対する根拠に、せっかく人手不足で賃金上昇に転じているのだから、大量の外国人を入れるべきではないという主張がある。また、安い労働力は設備投資を阻害するから、労働生産性を向上できないという意見もあった。しかし、「特定技能」導入の結果、外国人の賃金は上がる可能性がある。

従来の技能実習制度においては、最低賃金しか支払われていないケースが多い。職場を自由に選べない技能実習は、賃金が低いことを理由に転職はできない。本当に苦しければ、逃げ出すしかなかった。

「特定技能」での外国人受け入れの多くは、技能実習からの変更である。今まで最低賃金で雇われていた実習生に、隣の工場が「月に3〜4万は余計に払うよ」と言ったらどうだろうか。彼らはより良い就労条件の会社に動くだろう。特定技能という在留資格は、就職してよい業種は指定されているが、職場選択の自由がある。外国人は、滅私奉公をする必要などないのだ。技能実習生を低賃金で採用している企業は、今までのように一方的に搾取を続けていれば、彼らが特定技能の権利を取得する3年後に選ばれなくなる。

日本の賃金は総じて低いと言われている。賃金が上がり価格転嫁が進めば、労働生産性も上がる。一方、需要を超えて労働力が供給されれば、賃金は下がる。「特定技能」導入によって新たに外国人を35万人受け入れる計画ではあったが、実際にはそれほど増えないだろう。なぜなら、既存の留学、技能実習などの外国人が特定技能に移行する可能性が高いからだ。

外国人受け入れによる賃金低下より、むしろ非正規雇用の社員に依存している構造や、高齢化で国内消費が上がらないことから起きる労働生産性の停滞が賃金上昇を妨げている可能性を心配した方がよいのではないか。今、大きな戦力になっている留学生は、みな非正規雇用である。非正規雇用の留学生や技能実習制度が賃金上昇を抑えてきた可能性はないだろうか。

現場労働者も知的労働者も含めて、人材確保、労働生産性の向上というどちらの視点からみても、日本の人件費は上げなければならないと考える。元金融アナリストで、『日本人の勝算——人口減少×高齢化×資本主義』(東洋経済新報社)等の著者として知られるデービッド・アトキンソン氏も、日本の賃金の低さを問題にする。市場に任せっきりにすれば、賃金は上がらない。仮に、多くの経営者が日本の賃金はもっと上げなければと納得しても、「わが社も賃金を上げよう」と思うだろうか。自分の懐となると話は別だろう。総論賛成各論反対ということでは一向に改善されない。

総数として人が余るのであれば「外国人問題」になり得るかもしれないが、賃金の問題は、外国人政策の前に「同一労働・同一賃金」の問題であって、日本人を含めた労働者全体の問題でもある。賃金が上がるのは、日本人にとっても外国人にとっても良いことである。

手厚い生活支援制度が雇用を阻む？

「特定技能」創設のもう一つの特徴は、「生活支援制度」である。外国人を受け入れるにあたって、彼らの仕事から普段の生活にいたるまでの支援は、受け入れ企業の責任で行ないなさいというものだ。

①入国前の生活ガイダンスの提供
②外国人の住宅の確保
③在留中の生活オリエンテーションの実施
④生活のための日本語習得の支援
⑤外国人からの相談・苦情への対応

⑥　各種行政手続きについての情報提供
⑦　非自発的離職時の転職支援

このうち、入国前の生活ガイダンスの提供、外国人の住宅の確保、在留中の生活オリエンテーションの実施、各種行政手続きについての情報提供は、かつて日系人のために汗をかいていた総務部長さんがやっていたことだ。30年前にやれて今できないなんてことはない。

また、外国人からの相談・苦情への対応については、外国人だからというより日本人従業員にもしなくてはならないはずだ。私がかつて働いたことのある職場では定期的に行なっていたし、その場で上司や同僚への苦情も言えた。もちろん、単なる不満は聞き入れてもらえないが、パワハラにつながるような発言は上司にフィードバックされていた。そんな企業はごく一部だと言われるかもしれないが、職場の環境改善はすべての企業で行なわなければならない話で、できない企業は脱落していくだけだろう。

技能実習では、これらの支援策を企業単独型では受け入れ企業が、団体監理型では監理団体が担ってきた。一人当たりそれなりの費用がかかるが、これは企業が負担する。これが、結果として外国人を安く使うための口実にもなってきた。つまり、これらの費用を差し引くという名目で、最低賃金に近い給料で外国人を雇うことができたのだ。

特定技能については、農業と漁業を除いて「直接雇用」が原則である。したがって、すべての受け入れ企業にこの支援制度導入が求められる。ただし、その企業に支援体制がない場合、出入国在留管理庁の登録を受けた「登録支援機関」に依頼できる。どちらにしても費用はかかるが、外部機関に依頼した場合にはコストが明確になる。この委託費用の負担額は決して小さくない。外国人の賃金は日本人と同等でなければならないから、外国人を雇用すると、結果として日本人を雇用するよりも企業の負担は増加することになる。

つまり、その出費に耐えられる企業だけが特定技能の受け入れが可能ということになる。「特定技能」はどの企業でも気楽に外国人を採用できるような制度ではないのである。「1ヵ月15万円だから雇うのだ。こんなにかかるのであれば、今の技能実習生は一度帰して、新たに技能実習生をとればいい」という判断をする企業がいてもおかしくない。今までそれでやってきたのだから。

私としては、技能実習制度を残すことの意味はあるのだろうか、考えざるを得ない。

日本語という大きな壁

「日本に住むなら日本語を話せ」という日本人は多い。

しかし、在留資格で日本語能力を求めてきたのは過去一度しかない。2018年夏、「特定活動」という資格で新たに日系四世の受け入れを行なったときに、日本語資格を要求した。政府は4000名をもくろんだが、この時も最初の3ヵ月間は応募者ゼロだった。日系人は南米に圧倒的に多いが、ほとんどの日系人は日本語教育を受けていないからである。

日本社会に溶け込んでもらうためには、確かにコミュニケーション能力が重要だ。その点を考慮し、「特定技能」でも生活に支障がない程度の日本語能力を要求した。具体的には、日本語能力試験（JLPT）のN4というレベルである。

日本語能力試験は30年以上の実績があり、試験も年2回、海外でも受けられる。初心者のランクがN5で、数字が若くなるほど難しくなる。前章でとりあげた「高度専門職」では、最上位のN1とその下のN2がポイント加算対象になっている。ちなみにN1は高校生レベル、N2は中学生レベルと言われている。

特定技能が求めているN4レベルが実際にはどの程度かわかっていただくため、当試験のホームページで公開している問題例をいくつかご紹介しよう。

「おくります」の　ことばは　どうかきますか。1・2・3・4から　いちばんいいものを　ひとつ　えらんでください。

1　近ります
2　逆ります
3　辺ります
4　送ります

つぎの　ことばの　つかいかたで　いちばんいいものを　1・2・3・4からひとつ　えらんでください。

けんぶつ
1　きのう、いもうとと　大きな　花をけんぶつしました。

2　きのう、テレビで　にほんの　ニュースをけんぶつしました。
3　きのう、ともだちと　きょうとの　まちを　けんぶつしました。
4　きのう、しごとで　車の　こうじょうを　けんぶつしました。

みなさんはこのレベルを高いと思うだろうか、それとも低いと思うだろうか。

後の問題の答えは3だろうが、4の使い方をされても聞き流してしまいそうである。日本に来たことのない外国人にとっては、N4というレベルはそれほど低い水準ではないというのが私の認識だ。実際、漢字圏の中国人ですら、労働者にN4を求めるのは厳しいのではないかという。

「技人国」も「留学生」も日本語に困っている？

「日本語の壁」は特定技能の外国人だけの問題ではない。留学生の日本での就職率の低さも、日本語の問題が主な原因だ。

文科省は企業が外国人採用に踏み切れない理由についても調査をしている。もっとも大きな理由は「日本語能力が不十分」であり、わずかの差で「日本企業における働き方の理解が不十分」が続き、この二つで全体の75・8%にも及ぶ。日本の大学でまともに勉強し、卒業するにはそれなりの日本語能力が求められる。もちろん、彼らは偽装留学生や偽装難民、技能実習生などよりずっと高度な日本語を話すし、読み書きもできる。それでも日本で就職するのは難しいのだ。

企業も社会も上の階層に行けば行くほど高い日本語能力が要求される。日本企業の採用担当者と話をしていると、具体的に口には出さないが、総合職に求める日本語能力はN1レベルと思われる。つまり、高卒程度、大学の授業を受けられるレベルである。

誰もが優秀な学生をとりたがる。しかし、多くの日本企業が求める優秀さは、具体的なスキルではなくコミュニケーション能力であることが多い。外国人にも日本人とほぼ同じような日本語でのコミュニケーション能力を要求しているのだ。

日本の一流大学に留学して、日本語を学んだ学生ですら、N1を持っている外国人にはあまりお目にかかったことがない。京都大学の大学院を卒業した学生でもN2であった。「技術・人文知識・国際業務」の資格は特に日本語の制限などかけていない。条件さえ満たせばいくらでも入ってこられるにもかかわらず、雇用する側が壁を作っているのだ。

私の事務所には、外国人のITエンジニアを日本に入れられないか、逆に日本に送り込めないかという問合せがよくある。プログラミング言語は同じものを使うので、言葉の問題が比較的少ない分野だ。ところが、日本側は日本語のN2レベルを求めることが多い。海外のエージェントから寄せられる情報ではせいぜいN4レベルで、N3は滅多にみない。日本語という壁は、私たち日本人が思っている以上に高いのだ。

日本語の問題というより、日本語でのコミュニケーションのとり方の問題もある。

私が若かった頃は、まだ会社全体での忘年会などがあったが、上司の言う「無礼講」などまったくの嘘っぱちである。「できるだけ早くやって」なども危険な表現だ。「できるだけ」には最優先というニュアンスが隠れている。日本人ならわかるが、これを外国人に理解しろというのは無理だろう。

もっと危ないのは「時間があったらやっておいて」。文字通りにとれば、やらなくても問題はなさそうだ。ところが実際には、最優先ではないがやらなければいけないことに変わりはない。「いいです」のように、必要とも不要ともどちらともとれる曖昧な表現もある。長い間培ってきた日本人のコミュニケーション手法ではあるが、外国人には間違いなく壁になっている。

もう一つの大きな壁、英語

もう一つ大きな言語の壁がある。英語の壁だ。この壁は、現場労働者というより「技術・人文知識・国際業務」の資格に該当する知的労働者の階層で大きな問題になっている。

インドはＩＴエンジニアを多く輩出する。彼らはほぼ英語が読めるし、話せる。そんな彼らには、必死に日本語を覚えなくても仕事はいくらでもある。アメリカをはじめイギリス、オーストラリア、シンガポールなど。しかも、これらの国のエンジニアは日本より給料が高いか、低くともそれほど差がない。日本という国に特別な思いでもなければ、日本は選択肢には入らないのだ。

英語を母国語とする国は当然だが、そうでない国でも英語が通じる国はかなりある。ただし国全体で通用するわけではない。ある一定のクラスではほぼ通用するということだ。私の事務所にくるネパール人やパキスタン人の半数くらいは、英語が話せると言いながらもほとんど通じないことが多い。だが、こと大卒者に限れば、ほぼ全員が話せる。したがって、大卒者が集まる職場では、英語さえできれば働けるのだ。

ところが日本の事情は違う。

私の事務所では外国人の起業支援を手がけることが多い。その際、まず銀行口座を開設するのだが、日本語が話せない外国人だけを銀行に行かせても、１００％開設できない。大手都市銀行ですら、「日本語の説明がご理解いただけない場合は開設できません」と言い切る。エジプト人の起業家が時々こぼす。「エジプトでは英語が話せないと銀行には就職できないんだけど、ここじゃあ、いつもおまえに電話しないといけない」。ちなみにこのエジプト人は、日本語がまったく話せないわけではない。普段の会話は日本語でする。ところが、銀行員の話す日本語はわからない。

銀行の顧客は日本人か、日本に在留資格を保有している外国人だ。基本的には、英語対応をする必要がほとんどなかったということだろう。しかし、観光客を毎日相手にしている浅草の土産物店や飲食店の店員は、ブロークンかもしれないが英語で対応している。高等教育を受けた社員が集まる都市銀行の支店で「英語対応できる行員がいません」と堂々と言われてしまうのは、少々情けない気がする。

英語が通じないのは日本最大の弱みである

世界には様々な言語があるのに、なぜ英語だけが重要なのか。もちろん、英語が現代世界の共通語だからである。

中国企業の子会社設立を依頼されたことがある。外国の子会社や支店を設立するためには、「宣誓供述書」というものを作成する。これは、法人設立の根拠となる日本の法律とその国の法律が違うため、他国の登記内容から直接設立することが難しいからである。そこで、日本でいうと公証役場のようなところで公正証書として宣誓供述書を作成するのである。中国の場合は公証処というところがその業務を行なう。

ある時、深圳の公証処で、宣誓供述書は公証できないと言われたことがある。宣誓供述書は中国では声明書という。声明書を作成し、宣誓供述書と訳せばよかったのだが、担当者が宣誓供述書というタイトルのまま公証させようとしたのだ。そこで、宣誓供述書とはいった何だという話になった。英語でAffidavitと伝えたら、一発で解決した。

私の友人である創薬ベンチャーの社長は、英語が使えなければ雇用できないと明確に言う。

ネイティブのように話すレベルを要求しているわけではない。仕事の内容を英語で理解し、伝えられれば十分だという。それぞれの職場で要求される英語のレベルはそれぞれだ。浅草でインバウンドの対応をしているお土産屋さんには、そのレベルの英語が求められるし、創薬ベンチャーにもそのレベルの英語が求められる。

ところが、日本の大手都市銀行の現状は前述のレベルである。片言の日本語と英語で勤務できる職場も少ない。これでは、増えていく外国人に適切なサービスを提供できないし、外国人は働けない。

英語教育の問題も、外国人が日本で働くことをためらう理由になる。彼らは、子どもには最低限の英語を身につけてほしいと思っている。ところが、日本の教育ではそれがおぼつかない。日本は早い段階で西洋化が進んだ。江戸時代から受け継がれた教育熱と識字率の高さから翻訳技術が早くから進み、西洋の進んだ文化や技術を吸収してきた。そして、それらを学び伝えるのは大学の重要な仕事でもあった。そのため、大学の授業はすべて日本語で行なうことができる。自前の教育システムを作り上げることができたのだ。

しかし、アジアやアフリカを見渡すと、母国語の教科書を持たない国も多くある。これらの国では、授業自体が英語で行なわれる。大卒者であれば必然的に英語が使えるようになるわけだ。彼らは日本に来る必要などない。英語が通用する国で働けばいいからだ。

かつて日本の強みであったことが、今は弱みになっている。楽天など一部の企業が社内公用語を英語にしているが、英語だけで仕事ができるのであれば日本の企業も彼らの選択肢になる。日本語が完璧に話せる日本人だけを対象に求人するのと、その枠を英語まで広げるのとでは、採用可能な人材の数がまったく違う。より優秀な人材を雇用できる可能性が高いのはどちらか、言うまでもないだろう。

「技能試験」の怪

「特定技能」創設の目的は、企業における即戦力の確保だ。日本語能力も含めて長期の研修が不要で、すぐに現場の力になれる外国人を入れたいということである。そのため、必要な技能を見極める技能試験が行なわれる。ただし、日本語能力も同様だが、技能実習を3年良好に勤めあげると試験は免除される。

どんな試験が行なわれるのだろうか。外食業のテキストが公開されているので、「接客に関する知識」の冒頭をご紹介しよう。

（1）接客《せっきゃく》サービスについて

① 接客《せっきゃく》サービスの特性《とくせい》（日本《にほん》における接客《せっきゃく》サービスの特性《とくせい》～「おもてなしの心《こころ》」とその表現《ひょうげん》～）

日本《にほん》における接客《せっきゃく》サービスの特性《とくせい》として、次《つぎ》のような事例《じれい》があげられます。

外国人旅行者《がいこくじんりょこうしゃ》が来日《らいにち》した際《さい》に一番《いちばん》おどろくことは……

・どこに行《い》っても清掃《せいそう》がいきとどき、清潔《せいけつ》できれいなこと

・日本人《にほんじん》のやさしさ、親切《しんせつ》さ、礼儀《れいぎ》ただしさ

ということが、よく聞《き》こえてきます。

これらは、日本人《にほんじん》が長《なが》い歴史《れきし》をかけて、文化《ぶんか》として培《つちか》ってきたものです。そして、これらは「おもてなし」という言葉《ことば》で表現《ひょうげん》されます。おもてなし＝ホスピタリティ（Hospitality）です。この日本《にほん》における接客《せっきゃく》サービスの特徴《とくちょう》である「おもてなし」は、東京《とうきょう》オリンピックの誘致《ゆうち》の際《さい》、キーワードとしても使《つか》われました。

（一般社団法人 日本フードサービス協会「特定技能1号 外食業技能測定試験 学習用テキスト【接客全般】」より）

ふりがなこそふってあるが、「培われて」という単語など、日本人でも読めない人はいる。全体に漢字と漢字の音を組み合わせた単語が多く、日本語としては難しい方である。こういう勉強をしてきた外国人であれば、即戦力にはなるかもしれないが、合格者の大半は留学生という結果になるかもしれない。ほとんど日本語が話せない偽装留学生が、これを機に日本語を学んでくれることも期待できるかもしれない。

しかし、接客サービスを学ぶのに、こんな漢字が読める必要があるのだろうか。私は居酒屋でお酒を注文するのに、留学生のアルバイトにそれほどの不自由さを感じてはいない。

お金をかけて技能試験をする必要があるのか

在留資格のために技能試験を行なうというのは、他の在留資格にはない。例えば、「技術・人文知識・国際業務」は大卒という資格を要求しているだけで、そのための試験を実施しているわけではない。そういう意味でも、「特定技能」での外国人労働者の受け入れには、それなりの予算も手間もかかってくる。

即戦力を判断するためというが、企業はそこまで即戦力を求めているのだろうか。

かつて、日本人だけの採用で間に合っていたころだって、研修など行なっていただろう。新人は簡単な仕事から入って、しだいに難しい内容を任されてきたはずだ。

日本人の採用ができなくなった後も、何年も外国人実習生を受け入れ、育ててきたのだ。日本の企業には、人を育てる力がある。そもそも技能実習の目的は何だったのか。JITCOのホームページにはこう書かれている。

「技能実習制度の目的・趣旨は、我が国で培われた技能、技術又は知識（以下『技能等』という。）の開発途上地域等への移転を図り、当該開発途上地域等の経済発展を担う『人づくり』に寄与するという、国際協力の推進です。」

この文を文字通りにとると、政府は国際貢献という目的を達成するための実務を企業に委託してきたわけだ。企業は、人を育て、一人前にし、3年で帰国させていた。

日本は終身雇用、年功序列賃金という背景もあり、新卒者を大事に育ててきた。私が若い頃は、新人は3年は使いものにならないなどと言われたものだ。終身雇用は維持できないと言われる現在でも、多くの企業は新人の採用を行なっている。技能試験など実施しなくても、企業に育成を任せ、しっかり育った人材だけ在留させるという方法もあるのではないだろうか。

特定技能の試験でもう一つ気になるのは、縦割りで試験が行なわれていることである。これでは産業間で人の移動ができないのではないか。人を受け入れるなら、できるだけ流動性を保てる方が良いはずだ。仮に一つの産業で受け入れを打ち切り、人が余ったら、他の産業にスライドできるようなシステムの方が明らかに有効だろう。

例えば、宿泊と外食は、宿泊が国土交通省、外食が農林水産省の管轄となっているが、共通試験にはできないものだろうか。学ぶことは宿泊の方が多いかもしれないが、ここでも人の流動性の確保は可能ではないかと思う。「技術・人文知識・国際業務」では不動産業の営業から製造業の会計担当に職を替えることも可能である。

「特定技能」労働者は移民か？

2019年の入管法改正は事実上の移民政策だという意見があった。不思議なことだが、受け入れ賛成派にも反対派にもそうした意見の人がいた。賛成派の人は、事実上の移民政策なのだから環境整備をしろという。一方で反対派の人は、事実上の移民受け入れだからやめた方がいいという。移民政策であるという主張をする人の根拠は、国連経済社会局の説明にあった。「国際（国境を越えた）移民の正式な法的定義はありませんが、多くの専門家は、移住の理由や法的地位に関係なく、本来の居住国を変更した人々を国際移民とみなすことに同意しています。3カ月以上12カ月未満の移動を短期的または一時的移住、1年以上にわたる居住国の変更を長期的または恒久移住と呼んで区別するのが一般的です。」

つまり、1年を超えれば恒久的な移民であるという説明である。これは定義ではないが、一定の権威のある団体の説明なので、主張の根拠にするのもわからなくはない。

一方で政府の説明は、「国民の人口に比して、一定程度の規模の外国人やその家族を、期限を設けることなく受け入れ、国家を維持する政策は考えていない」というもので、恒久的な家族単位での定住者を受け入れるわけではないから、移民政策ではないという。

このように「移民」という言葉の意味は曖昧である。1年で移民だという話になると、2〜3年で帰国する留学生も移民ということになる。学生時代、アメリカに留学していた人は、アメリカ移民だったことになる。私たちが問題にする移民とは、たぶんそういう外国人ではないだろう。

移民というと、まず連想されるのは、ヨーロッパになだれ込んでいるシリア難民やトルコなどイスラム諸国、アフリカからの労働者であろう。外国人が長期にわたって日本に生活基盤を移し、次の世代にまで及ぶ可能性があるのをみんな心配しているのではないか。

そうだとすれば、政府の説明、特定活動の在留条件などにはそれなりの根拠がある。長期にわたって滞在し、ずっと日本にいたいと思っている外国人は少なくない。いつかは国に帰ろうと思っていても、生活基盤が日本にできてしまえば、自国に戻る選択は容易ではない。政府としては、そこはさせたくないという意味で徹底した「移民対策」をとったのだろう。

次に、この対策が及ぼす問題を考えてみたい。

日本政府の「移民対策」

とられた対策は主に3つある。

・在留期間に5年という上限がある
・家族滞在を認めない
・在留期間が永住要件に算入されない

〈在留期間に上限がある〉

特定技能1号では、最長の在留期間が5年と定められている。したがって、この在留資格のまま5年が経過し、他の在留資格に変更できない場合、帰国を余儀なくされる（他の在留資格なら、要件さえ整えば更新回数に上限はない)。つまり、さらに高度な技術、現場のリーダー水準の技能者に与えられる「特定技能2号」という資格に変更できるかどうか、ということになる。ただし、特定技能2号は、制度開始の時点では「建設」「造船・船用工業」にしか認められていない。今後、各業界の状況をみながら新設されることもあるかもしれない。

〈家族滞在を認めない〉

特定技能1号では、家族滞在を認めない。結婚していても、子どもがいても、家族を日本に連れてくることはできない。

実は、技能実習生からも家族を呼びたいという問合せがある。すでに結婚していて、本国に子どもがいる実習生もいる。彼らは実習という名の労働であると思って日本に来ている。あるいは、日本で結婚したので家族滞在にしてほしいという問合せもある。しかし、こういう申請をしても間違いなく却下される。技能実習制度の目的は、学んだ技術を自国へ持ち帰り生かすことだからである。その目的が達成できなくなったのなら、帰ってくださいということだ。

特定技能1号で来日した外国人同士が結婚したとする。恋に落ちた二人の結婚を止めることなどできないので、特定技能だろうが技能実習生だろうが、もちろん日本国内で結婚はできる。二人とも働くのであれば、特定技能1号の在留資格をそのまま持っていればよい。問題は、子どもが生まれて奥さんが子育てに専念しなければいけなくなったときである。

実際の案件を扱っていないのでわからないが、法務省の「新たな外国人材受入れに係る制度説明会」（2019年3月19日）では、こういうケースに限って「子どもだけを帰すわけにはいかないので、例外的な措置」ということで認めるということだった（これは少し極端な例だが、シンガポールでは6ヵ月に一度、妊娠検査を含む健康診断が義務付けられる。外国人メイドなどが妊娠すると、すぐに帰国させなければならない。妊娠即失職を意味するので、中絶件数がかなりの数にのぼるという）。

外国人を受け入れている以上、人道的配慮はもちろん、ある程度弾力のある運営があってもよいと思う。ただ、これをまともに認めてしまうと、日本に残りたいために偽装結婚するなども考えられるので、難しいところである。

外国人は労働者であり消費者でもあるというあたりまえのこと

ここで、家族滞在を認めた場合と認めない場合について、経済的な面から考えてみよう。

家族滞在がない出稼ぎの場合には、稼いだ給料の大半が海外に流れる。わが国にとって、労働力としての面だけには恩恵があるが、それ以外の部分においてはあまりない。

逆に、家族でやってきた場合には、稼いだお金は国内で消費される。彼らの子どもたちも日本で働くだろう。もちろん、彼らも社会福祉などの益を受けることになるから、国家としての負担は増える。しかし、社会福祉の受益分というのは、本来、負担分のなかで収まらなければいけないので、むしろ財政管理の問題である。若い世代の外国人が増えることで、年金保険料の負担などに貢献する可能性もある。

数年前から、ＡＩやロボットの発展で外国人はいらなくなるという意見を度々みかけた。しかし、ＡＩもロボットも、仕事はするかもしれないが消費はしない。経済的にみると片落ちである。外国人を単なる労働者としてだけ受け入れた場合と変わりがない。消費者がいなければ、ＡＩもロボットもいる意味がなかろう。

すべてがＡＩ化され、人間がいない世界でロボットだけが動き回るような世界が、やがて来るのかもしれない。しかし、それは人類全体の問題である。外国人を受け入れる効果は、単に人手不足を補うだけではない。国内消費も増やさなければ、おいしいところをみすみす手放しているのと同じである。

永住への道は遠く険しい

〈在留期間が永住要件に算入されない〉

永住への道のり、これも移民問題と密接につながる。

通常の永住申請では、10年継続して日本に滞在していることを求められる。さらに、そのうち5年以上が就労資格でなければならない。しかし、特定技能1号で滞在している期間については、就労資格であっても、永住申請に必要な継続的な滞在期間に算入されない。

したがって、技能実習から変更をした場合、技能実習2号を終えるまでに3年かかる。特定技能1号の最長期間である5年を経過してから2号に変更してはじめて、永住のための滞在期間になる。永住取得までに18年かかる計算だ。

技能実習（3年）→特定技能1号（5年）→特定技能2号（10年）→永住申請

これらの政策は、移民受け入れに対して消極的な意見に配慮した結果であろう。2019年の改正入管法は、労働力不足を補うための「出稼ぎ労働者法」という表現がもっとも近いのではないかと思う。企業が出稼ぎ労働者を使えるようにし、その権利も保護したということであり、この国に生活基盤を移すのはご遠慮願いたいという意図がみえる。

移民について、アレルギーのある人たちがかなりいる。そうでなくても、ヨーロッパなどで起こっている騒動をニュースなどで見れば、漠然とでも怖いと感じる人も多いだろう。永住までの期間を延ばすことで、移民抑制にはそれなりの効果はあるはずだ。

しかし、よく考えてみると、この制度は最初から「移民はＮＯ」という結論からスタートしている。移民に反対する勢力に対して、最初から配慮しただけのようにもみえる。移民を受け入れるか受け入れないか、受け入れるならどのように受け入れるのか。そういう議論を、私たちはしたのだろうか。

そこで移民の問題を考えてみる。

日本は移民を受け入れるべきか

日本はすでに人口減少社会に突入している。

一時的に人口は減っていくとしても、人口ピラミッドは最終的にはバランスがとれ、少ない人口でも豊かな国が作れる。だから外国人を入れなくてもいいという意見がある。

確かにヨーロッパには、日本よりはるかに小さくても豊かな国がいくつもある。極端な例だが、マルタという国は人口が40万人しかいない。しかし、観光業が盛んで、仮想通貨取引の中心地でもあり、人口が少ないにもかかわらず豊かな国家のひとつだ。

外国人を受け入れると、生産性の低い古い体質の産業を維持させることになるから、変化を起こせないという指摘もあった。だが、それらの産業は明日、すべてなくなってよいわけではない。また、生産性が低い産業すべてを国外に移転するには別のリスクがある。米中貿易摩擦によってアメリカのコンピューターメーカーが価格を上げざるを得ない状況に陥ったのも、生産性が低い（と言われている）組み立て部分を海外に依存しすぎたからだ。

古い体質の産業がなくなり、生産性の高い産業のみが残る。そういう変化が起こり、ここ数年で日本が革命的に産業構造を変えられるのなら、それはすばらしいことかもしれない。しかし、マルタのような国は人口が減ったのではなく、もともと少ないのだ。人口減によって少数の若者が長期にわたって多くの老人を支える状態が続く間、はたして日本の若者たちは夢をもてるのだろうか。人口が少ない状況で安定するまでの数十年を想像すると、私は背筋が少々寒くなる。

そもそも人口が減って経済発展をした国などあるのだろうか。伝説の投資家と言われるジム・ロジャーズ氏や前述したデービッド・アトキンソン氏も、人口減が国力を衰退させると指摘する。少ない人口でより豊かな国、というのは理想かもしれない。しかし、なぜ日本が今まで国力を誇れたかといえば、西洋化が早かったことと、1億人という人口が支えていた面が大きい。だからアメリカには届かず、中国にも抜かれたのではないだろうか。

サッカーチームなら、良い選手を集めれば勝つ可能性は高くなる。退場者でも出ないかぎり、同じ人数で戦っているからだ。日本の一人当たりの生産性を頑張って上げるだけで、何倍もの人口の国に国力で勝てるものだろうか。専門家に聞いてみたいところである。多くの資金と人を集め、多くの物を生産しなければ、どんどん距離は開いていくような気がするがどうだろう。

結局、人口維持も個人の生産性を上げることも、両方必要なのではないだろうか。茨の道を行くか、軟着陸を目指すかは、結局のところ私たち国民の選択である。私自身は、今あるものをガラガラポンすることより、少しずつ外国人を受け入れながら、様々な政策の組み合わせのなかで次の道を模索していくしかないのではないかと思う。

もう一つ、別の視点で考えてみる。

限られた職種にしか就けず、短い期間で人がローテーションを繰り返す。これでは企業の社員教育と同じで、日本社会に適応してもらうための施策もその度にゼロから行なわなければならない。どうせ帰るのだから稼ぐだけ稼いで帰ろうと、社会に溶け込まない外国人も増えるかもしれない。そういう外国人を、私たちは「悪い外国人」と決めつけるのだろうか。

将来社会的な負担にならないように審査した上で、日本社会に溶け込んでもらう努力をしながら、少しずつ移民を受け入れていく方が効率的で、社会の負担が少ないという考え方もできるのではないだろうか。もちろん、長期的な人口減をすべて外国人で補うというのは現実的ではないし、それほどたくさんの外国人がやってくるとも思えない。

つまり、外国人の受け入れは、ロボットやＡＩの進化、人口減による産業構造の変化、働き方改革など、様々な政策のなかの一つでしかないと思うのだ。

産業別受け入れ制限について

本章の最後に、「特定技能」の受け入れ制限について取り上げる。

２０１８年、入管法改正の閣議決定により外国人労働者の受け入れが発表されると、外国人の増加を不安視する声があちこちからあがった。そして、議論の途中から受け入れ上限が示されるようになり、最終的には上限を超えないと明記されることになった。

このような在留資格の運用は、今までなかった。産業界からの強い要請があって実現したものの、反対意見に配慮して上限を設けたのだろう。既設の在留資格である「報道」「法律・会計」「医療」「技術・人文知識・国際業務」といったいわゆるホワイトカラーの職種では、受け入れ制限はない。企業がその気になれば、いくらでも受け入れることが可能だ。また、技能実習生にも留学生にも受け入れ制限はない。つまり、唯一正規の労働資格である「特定技能」だけに上限が設けられているのだ。

上限人数は、一定の取り組みをしてもなお人手不足であることを条件に、各省庁で定めている。人手不足に対してそれなりの努力や対策をしても、まだ人手不足が解消されないのであれば、受け入れをしてもいいということだ。具体的には、生産性の向上、女性や高齢者など国内人材の活用、処遇の改善といった取り組みを行なうこと。その結果、一定の効果が出ており、それでもなお将来にわたって人手不足が見込まれるという業種に限って、100％ではないが受け入れを認めるというものである。結果として、14業種（分野）が指定された。

例えば、介護の業種なら、

・生産性の向上 ＝ 介護ロボットの導入、ＩＣＴの活用
・国内人材の就業促進 ＝ 介護福祉士を目指す学生に返済免除つきの奨学金の取り組み
・処遇の改善 ＝ 公費を1000億円程度投じて処遇改善を行なう

といった対策をとり、

・一定の効果＝２０１４年から２０１６年まで対前年比平均６万人が増員できている
・将来にわたって人手不足＝今後５年間でさらに30万人が不足する

不足する30万人のうち、20％にあたる６万人を外国人で埋めようということだ。わずか20％である。この30万人が本当だとすると、残りの24万人はどうするのだろうか。なんとかなるだろうという楽観論や、なんとかしろという根性論でないことを祈る。

他業種についても、業種ごとに不足する労働力から受け入れ人数を算出し、その人数を受け入れ人数の上限とする。対象とされた14業種が、５年間で受け入れる数の上限は、約35万人である。つまり、特定技能という資格で国内にいられる外国人は、新たな業種を追加しない限り、５年後に35万人を超えていることはない。

制限と言えば、私はもう一つのやり方に注目している。特定技能には介護という分野があるが、この分野では外国人だけで職場を構成することはできない。プロスポーツの外国人枠のように、上限が定められている。むしろ、このような制限の方が効果的ではないかと私は思う。外国人コックのところでとりあげたような外国人だけで構成されている職場も、例えばホール担当などに日本人を入れることを義務付ければ、彼らが孤立することも防げるかもしれない。

3 その他重要事項	
従事する業務	雇用形態
●身体介護等(利用者の心身の状況に応じた入浴,食事,排せつの介助等)のほか, これに付随する支援業務(レクリエーションの実施,機能訓練の補助等) (注)訪問系サービスは対象外 〔1試験区分〕	直接
●建築物内部の清掃 〔1試験区分〕	直接
●鋳造 ●鍛造 ●ダイカスト ●機械加工 ●金属プレス加工 ●工場板金 ●めっき ●アルミニウム陽極酸化処理 ●仕上げ ●機械検査 ●機械保全 ●塗装 ●溶接 〔13試験区分〕	直接
●鋳造 ●鍛造 ●ダイカスト ●機械加工 ●塗装 ●鉄工 ●工場板金 ●めっき ●仕上げ ●機械検査 ●機械保全 ●電子機器組立て ●電気機器組立て ●プリント配線板製造 ●プラスチック成形 ●金属プレス加工 ●溶接 ●工業包装 〔18試験区分〕	直接
●機械加工 ●金属プレス加工 ●工場板金 ●めっき ●仕上げ ●機械保全 ●電子機器組立て ●電気機器組立て ●プリント配線板製造 ●プラスチック成形 ●塗装 ●溶接 ●工業包装 〔13試験区分〕	直接
●型枠施工 ●左官 ●コンクリート圧送 ●トンネル推進工 ●建設機械施工 ●土工 ●屋根ふき ●電気通信 ●鉄筋施工 ●鉄筋継手 ●内装仕上げ/表装 〔11試験区分〕	直接
●溶接 ●塗装 ●鉄工 ●仕上げ ●機械加工 ●電気機器組立て 〔6試験区分〕	直接
●自動車の日常点検整備,定期点検整備,分解整備 〔1試験区分〕	直接
●空港グランドハンドリング(地上走行支援業務,手荷物・貨物取扱業務等) ●航空機整備(機体,装備品等の整備業務等) 〔2試験区分〕	直接
●フロント,企画・広報,接客,レストランサービス等の宿泊サービスの提供 〔1試験区分〕	直接
●耕種農業全般(栽培管理,農産物の集出荷・選別等) ●畜産農業全般(飼養管理,畜産物の集出荷・選別等) 〔2試験区分〕	直接 派遣
●漁業(漁具の製作・補修,水産動植物の探索,漁具・漁労機械の操作,水産動植物の採捕,漁獲物の処理・保蔵,安全衛生の確保等) ●養殖業(養殖資材の製作・補修・管理,養殖水産動植物の育成管理・収獲(穫)・処理,安全衛生の確保等) 〔2試験区分〕	直接 派遣
●飲食料品製造業全般(飲食料品(酒類を除く)の製造・加工,安全衛生) 〔1試験区分〕	直接
●外食業全般(飲食物調理,接客,店舗管理) 〔1試験区分〕	直接

首相官邸ホームページより

［分野別運用方針について（14分野）］

	分野	1 人手不足状況 受入れ見込数（5年間の最大値）	2 人材基準 技能試験	日本語試験
厚労省	介護	60,000人	介護技能評価試験（仮）【新設】等	日本語能力判定テスト（仮）等（上記に加えて）介護日本語評価試験（仮）等
厚労省	ビルクリーニング	37,000人	ビルクリーニング分野特定技能1号評価試験【新設】	日本語能力判定テスト（仮）等
経産省	素形材産業	21,500人	製造分野特定技能1号評価試験（仮）【新設】	日本語能力判定テスト（仮）等
経産省	産業機械製造業	5,250人	製造分野特定技能1号評価試験（仮）【新設】	日本語能力判定テスト（仮）等
経産省	電気・電子情報関連産業	4,700人	製造分野特定技能1号評価試験（仮）【新設】	日本語能力判定テスト（仮）等
国交省	建設	40,000人	建設分野特定技能1号評価試験（仮）【新設】等	日本語能力判定テスト（仮）等
国交省	造船・舶用工業	13,000人	造船・舶用工業分野特定技能1号試験（仮）【新設】等	日本語能力判定テスト（仮）等
国交省	自動車整備	7,000人	自動車整備特定技能評価試験（仮）【新設】等	日本語能力判定テスト（仮）等
国交省	航空	2,200人	航空分野技能評価試験（空港グランドハンドリング又は航空機整備）（仮）【新設】	日本語能力判定テスト（仮）等
国交省	宿泊	22,000人	宿泊業技能測定試験（仮）【新設】	日本語能力判定テスト（仮）等
農水省	農業	36,500人	農業技能測定試験（耕種農業全般又は畜産農業全般）（仮）【新設】	日本語能力判定テスト（仮）等
農水省	漁業	9,000人	漁業技能測定試験（漁業又は養殖業）（仮）【新設】	日本語能力判定テスト（仮）等
農水省	飲食料品製造	34,000人	飲食料品製造業技能測定試験（仮）【新設】	日本語能力判定テスト（仮）等
農水省	外食業	53,000人	外食業技能測定試験（仮）【新設】	日本語能力判定テスト（仮）等

（注1）2018年12月21日現在における各分野の特定技能1号の検討状況について記載したもの
（注2）2019年4月1日から制度の運用を開始予定

改正入管法は「出稼ぎ外国人保護法」？

このようにみてくると、2019年に施行された改正入管法の意図がわかるだろう。これは「出稼ぎ外国人保護法」なのである。ボタンの掛け違いで、すでに日本に多くいる労働者と呼ばれない労働者、つまり、留学生や技能実習生に労働者への道を開き、一定の法的保護を与え、企業の労働者不足を補うという趣旨であろう。

残念ながら、その意図は空回りするかもしれない。すでに何度となく触れてきたが、外国人が日本に来たいと思うのは、法制度が整うからではない。この国が豊かで、稼げて、安全で良い国であれば、どんな方法でも外国人はやってくる。かつて観光ビザで来日し、3K職場で働いたイラン人、偽装留学生、偽装難民、技能実習生……みんな同じだ。そして、リーマン・ショックで帰国していった日系人は、このままでは稼げないから帰っていったのだ。

外国人が来たがらない国というのは、つまりは魅力のない国ということだ。この国が豊かであれば、彼らはやってくる。

第５章

外国人をめぐる諸問題

外国人は増えるのか。日本が良い国で稼げるなら増える。

そして、すでに多くの外国人がいる。今の状況は、日本はまだ稼げるが一方で人が足らず、需要に対して不正規な形で供給がもたらされている。すでに様々な形で外国人労働者が入ってきており、彼らの法的地位が確保されていない。安い賃金で使われ、賃金を押し下げる原因にもなっている。

つまり、議論すべきなのは、外国人を受け入れるか受け入れないかの問題ではなく、彼らを全部追い出すのか、法的地位を与えて働ける環境を作るのかという問題に近い。法的地位を与えると、そこを目指してさらに多くの外国人が入ってくる可能性はある。かといって、外国人に法的立場を認めないと、不法滞在などいびつな立場の外国人ばかりが増えることになる。

私たちが良い国を作り、経済的に発展するかぎり、外国人が増えるのは避けようがない。それならいっそのこと、潔く受け入れてコントロールした方がよいのではないだろうか。彼らがやってくるなら、使わない手はないという判断だ。

一方、ヨーロッパやアメリカで起こっているような移民問題には、どう対処すればよいのだろうか。

2019年の入管法改正にあわせて、健康保険と年金関連の法律が改正されている。税金や健康保険に関して、外国人が法の穴をかいくぐっていると不快感を覚える人は多い。実際には、場面の違いこそあれ日本人も同じようなことをしているのだが、外国人がしているとなると、義務を果たさず権利のおいしいとこ取りをしているという印象があるのだろう。この章ではこうした問題をとりあげようと思う。

ただ、なかには風評としか思えないような問題もある。その点については、現場にいる者の一人として明確にしておきたい。

外国人の人権を考える

まず、外国人の人権について触れておこうと思う。

日本国憲法は、人権にかかわる表現について「何人も」と「国民は」という二つの表現を使い分けている。だが、これは同義語と考えてよい。「何人も」が外国人を含むという「文言説」をとると、矛盾がでてしまう条項があるのだ。例えば、第22条第2項には「何人も、外国に移住し、又は国籍を離脱する自由を侵されない。」と記されており、外国人がその国の国籍を離脱できるかどうかを日本国憲法が定めることになってしまう。そのため判例も学説も「性質説」をとっている。

それでは、「外国人に人権はあるのか」。この問いについての答えは、判例によるしかない。日本国憲法を勉強したことのある人は、よくご存じだと思う。司法試験、司法書士試験、もちろん行政書士試験でも度々出題される「マクリーン事件」という有名な最高裁判例がある。

ベトナム戦争のさなかの1970年、アメリカ人のマクリーン氏が、転職したことを理由に在留資格の更新を許可されなかった。これは日本国憲法第22条第1項「何人も、公共の福祉に反しない限り、居住、移転及び職業選択の自由を有する。」に照らして違憲ではないかということで国を訴えた。ところが裁判の過程で、本当の却下理由はマクリーン氏が行なっていた政治活動であったことがわかる。この判決で最高裁が示した内容がその後、外国人の出入国、在留行政の基礎となった。

判決では、「基本的人権の保障は権利の性質上日本国民のみをその対象としていると解されるものを除き、我が国に在留する外国人に対しても等しく及ぶものと解すべき」と外国人にも基本的人権の保障は及ぶことを指摘しながら、一方で自由な入国や在留する権利は保障されておらず、外国人の人権は在留制度の枠内においてのみ保障されているとしている。

最高位に位置付けられる日本国憲法より在留資格制度が優先されるのも不思議な気がするが、在留資格が与えられている以上、外国人にも「日本国民のみを対象としている権利」（例えば参政権）以外は保障される。

さて、外国人の人権にも配慮しながら、私たちはどうやって外国人と向き合っていくべきかを考えてみたい。

外国人をめぐる9つの問題

①扶養家族の問題

2018年7月、立て続けに何軒かのカレー屋さんから連絡をもらった。お店のコックの在留資格更新を頼みたいのだが、納税証明書がとれないという。納税証明書は、在留資格の更新において、コックに限らずほぼすべての資格で要求される。就労系の在留資格では本人のもの、家族滞在では扶養者のものを提出する。その外国人が自立して生計を立てているか、適切な扶養のもとで生活できているかを確認するためだ。留学などでは、オーバーワーク防止のために提出させることもある。

オーナーになぜとれないのかと聞いてもよくわからない。第2章でも触れたが、外国人が経営する外国料理店というのは治外法権のようなところがある。もともとコックだった人が経営していたりするとさらにひどくて、注文をとることを除けばほとんど母国語だけで成り立ってしまう。日本語がまともに通じる人がいないのだ（英語が通じるのはある程度の教育を受けてきた人である）。一般に彼らの英語力は日本人とあまり変わらないというのが、私の印象である。

結局、そのコックについて区役所に行くことになった。

その時はうっかり忘れていたのだが、実は法改正があって、2015年9月に「国外居住親族に係る扶養控除等の適用について」という文書が国税庁から出されていた。それまでは、本国に親や子どもを残し、夫婦で稼ぎにきているような外国人の場合、本国の家族全員を扶養に入れ、非課税扱いにしていた。その数が10人を超えることもあった。つまり、出稼ぎ外国人コックの場合、ほとんど税金を払っていなかったのである。

しかしこの法改正で、海外にいる家族を扶養に入れるためには、親族関係書類と送金関係書類の2種類を提出しなければならなくなった。区役所の職員の説明が理解できなかったため、私に電話がかかってきたのだ。

親族関係書類というのは、日本でいうところの戸籍謄本である。海外の場合、戸籍がない場合の方が多いので、バース・サーティフィケート（出生証明書）、マリッジ・サーティフィケート（婚姻証明書）、リレーションシップ・サーティフィケート（関係証明書）等を自治体に発行してもらう。公証人役場や弁護士などに作成してもらうこともある。送金関係書類としては、送金した事実を示す銀行の国際送金の控えを提出する。

そして、親族関係書類と送金関係書類の両方に名前が載っている親族だけが扶養に入れる。外国人が仕送りをするときには、家族の一人に送金する。だいたい一家の長である父親宛てである。すると、扶養に入れられるのは父親一人だけということになる。

ただ、実際には送金していない場合も多い。アジアやアフリカの大半の国では海外への送金を制限している。それらの国から日本へ送金したい場合には、次のような送金方法がとられる。

まず、日本から送金したい人を探し、その人が送金するはずのお金を日本国内で受け取る。一方で、そのお金を受け取る予定だった人に、本国から日本へ送金する予定だった人が返済をする。

「悪い、うちの子どもがお金に困っているので送ってやりたいんだ」

「それならこっちで都合しとくから、うちの家族に返しといてくれ」

そんなお金の貸し借りである。

これに近いことは、国内送金が難しかった時代に日本でも行なわれていた。友人や親戚間などでは特に頻繁に行なわれる。そのレベルであれば仕方がないが、組織的になるとマネーロンダリングなどいろいろな問題も出てきそうである。

話が脱線したが、要はこの方法で送金された場合、当然ながら証憑が出せないのだ。

扶養にたくさん家族を入れていると、永住審査にも影響する。家族4人で400万円程度の収入があれば、永住審査においても収入が問題になることはない。だが、実際に納税証明書を取り寄せてみたら扶養家族が10人いたなどということも珍しくない。

この時期、同じような相談が数件あった。その度に扶養から受取人以外の家族を抜いて、納税証明書を出してもらった。

税金逃れをしているのはけしからんという意見もあるが、実際に本国の家族が全員その仕送りで生活しているとすれば、扶養に入れること自体は不正ではない。仮にその家族が全員日本にいれば、結果として同じことが起こる。その場合、子どもたちが日本の教育を受けるなど社会保障の受益者になるので、その費用分だけ国庫負担は増える。だが、稼いだお金はすべて日本国内で消費される。どちらが国家にとって得かは議論の余地があるだろう。

②健康保険における海外家族の扶養問題

健康保険においても、税法改正と同じ規制が2018年に行なわれた。こちらは在留資格の更新時に提出すべき書類ではないので、私も最近知った。海外居住者を扶養に入れる場合、「金融機関発行の振込依頼書又は振込先の通帳の写しの添付」が義務付けられるようになった。

健康保険と外国人の問題には、神経をとがらせる日本人が多い。確かに、明らかな不正もある。偽の死産証明書による出産育児一時金申請で逮捕者が出ているし、実際には扶養していない家族が扶養家族として名を連ねている可能性もある。怪我などの治療を受けた人が、本当に本人かどうかも疑わしいこともある。

この度の改正で、留学などの特別なケースを除いて、原則国内居住を要件とする法案が可決された。一定の解決策ができたことになる。

③偽装留学とペーパーカンパニーによる健康保険利用

一方で完全な風評もある。

日本語学校などに留学し、健康保険に加入して高額治療を受ける外国人がいるという噂があったが、厚生労働省が実態調査をしたところ、該当するような案件はなかったことがわかっている。

こういう風評がなぜ起こるのか。これは私の想像だが、入管法の他、外国人に関する行政上の仕組みだけをみて、記事やブログなどを書く人が少なからずいるせいではないかと思っている。その典型的な例が、ペーパーカンパニーを設立して「経営・管理」の在留資格を取得し、その会社で社会保険に加入して高額治療を受ける、という話だ。

私は外国人の起業支援をかなり手掛けている。だが、それはよほどの悪意をもって周到に準備しなければ不可能である。確かに、過去にはそういう手口で次々に会社を作り、在留資格をとっていた行政書士が逮捕された事例があった。その行政書士の罪状は司法書士法違反だったと記憶している。登記を司法書士に頼まず、自分でやっていたからだ。

ただ、今はそれほど簡単ではない。そもそもペーパーカンパニーで在留資格をとれないのは、すでに説明したとおりだ。「経営・管理」はもっともハードルの高い在留資格であり、事業実態は必ず確認される。夢をもって起業したものの、うまくいかずに会社を閉めざるを得なかったということももちろんあるが、これればかりは致し方ない。時々、うまくいかなくなった会社を売りたいという話も聞く。しかし、買った会社で「経営・管理」の在留資格をとるのは、会社を新設して取得する以上に厳しいと思う。

不動産投資会社を設立して、その会社で保険に入り、高額治療を受けられるのが問題だと指摘する記事があった。不動産投資は、日本人も普通に行なっている事業だ。まともな法的手続きを踏み、認められている事業を行なうことが問題になるとは理解に苦しむ。これをけしからんとするなら、外国人の不動産取引そのものを規制するしかないだろう。実際、北海道の水源や対馬など、外国人の土地買い占めが問題になっているではないか。

本当に高額治療ができる人は、特定活動の一つ、「医療滞在」で来日する。医療滞在というのは、外国人が日本の先進治療を受けるために在留を認める資格で、医療のインバウンド需要を見込んだ産業政策である。当然、保険加入はできないし、保険診療だけでまかなえるような治療のためにわざわざ日本に来るわけではない。私もいくつかに関わったが、扱った案件の担当医が言うには、外国人から保険制度の問合せはあったが、保険の範囲ではすることがなかったということだった。

「医療滞在」自体が問題だという記事も読んだことがある。これは、医療滞在で保険に入れるという誤解から生じたもので、この指摘は明らかにおかしい。だが、実際に保険に入れてしまった事例があった。広島市が、医療滞在で来日した外国人に誤って保険証を交付したため、最大1849万円の医療費を交付してしまったのである。

実は、私も似たような経験をしている。医療滞在で入院している患者さんの代わりに、ある区役所に転入届を提出した時のことである。転入手続きが終わったにもかかわらず、自治体の職員に健康保険の係に行くように何度も言われた。

「医療滞在では保険に入れませんよね」とどれだけ言っても、「保険課に行け」の一点張りである。しかも、保険課でも手続きをしようとしたので、「一度調べた方がいいんじゃないですか」と言って調べてもらったら、30分待たされた挙句、「加入できませんでした」という答えだった。自治体の職員も知らないのだから、うっかり加入させたとしても不思議はない。

ただ、これはミスであって、制度の周知によって解決すべき問題である。

④なりすましによる保険証の不正利用

ここまでは、そもそも法的な不備や風評といった次元の話だが、これは明らかな犯罪である。短期滞在で来日している兄が、風邪をこじらせて病院にかかる。弟は病院に連れて行きたいので、自分の保険証を提示し、兄に診療を受けさせる。保険証には写真がないので、年齢が近ければ日本人には判別がつかない。

多くの外国人が、この方法を悪いとは思っていない。人助けくらいにしか思っていないのだ。国家に対する考え方は日本人より希薄である。日本だからではなく、自分の国に対しても同じような考え方をする人は多い。

この点について、けしからんと腹を立てる前に、日本人はもっと発言した方がよいと思う。

「おまえが払うわけじゃないだろう」と言った外国人がいた。

「私の国を利用しないでほしい。不正をせず、同じ義務を果たしてほしい」と言ったら黙ってしまったが、その外国人はいまだに私に仕事を依頼しにくる。

その後は、何か新しいことをする度に「これは大丈夫か」と確認するので、こちらの言っている意味はそれなりに伝わったのだと思う。彼らも日本人に嫌われたいとは思っていないのだ。

このような本人に自覚のないケースはともかく、意図して行なえば、短期で来日して高額治療を受けて帰ることが可能になる。当然、国内にいる外国人が手を貸さなければできない。犯罪なのだから徹底的に取り締まる必要があるし、未然に防がなければならない。

厚生労働省は、外国人が健康保険を使う際、同時に在留カードの提示を義務付ける運用を2019年4月から始めた。これはかなり有効な手段だろう。日本人には、2022年からマイナンバーカードを全員に配布し、保険証代わりに使えるようにする。そうなると外国人も日本人も同じ運用となり、不正を防げるのではないかと期待している。

⑤国民健康保険の未払いと厚生年金保険の未加入問題

海外の扶養家族の問題より、私はこちらの方が大きいと思っている。

国民健康保険は、多少未払いがあっても治療を受けられる。この状態でそのまま国に帰られると、明らかな損失が出る。特定技能の更新時には、必要書類として、「社会保険の加入状況並びに国民健康保険及び国民年金の保険料の納付状況を証する文書」を提出するようになった。この書類については、すべての在留資格者に義務付けるべきだと思う。

前にも述べたが、外国人の経営する企業については、厚生年金保険に未加入の企業が多い。ただ、日本人が経営する企業にも、厚生年金に入っていない会社はかなりある。法人設立時に本当に入らなければいけないのかという相談は、外国人からも日本人からもある。

加入を促すためにいろいろな施策が打たれているようだが、外国人の場合は簡単である。追加証憑の提出依頼で、厚生年金保険の保険証のコピーを提出させれば済むことだ。入っていなければ、入らせればいいだけである。経営者自身の「経営・管理」資格更新時はもちろん、従業員の更新の時にも加入の確認をすべきだろう。

「特定技能」の受け入れ要件として、「労働、社会保険、租税関係法令を遵守していること」という項目がある。特定技能に限らず、他の資格にも同じ条件を課すべきだろう。そうすれば、日本人が経営する未加入の企業でも、外国人を使いたければ加入せざるを得なくなる。

⑥年金問題

「特定技能」1号は在留期間5年が最長で、2号に移行できなければ帰国するしかない。

現在の制度では、年金を受け取るには10年の受給資格期間が必要である。保険料の支払い期間が10年に満たない外国人は、「脱退一時金」を受け取るのだが、政府はこの「脱退一時金」を増額することとした。外国人の払い損を減らそうという意図である。

日本の年金制度には二つの性格がある。一つは、自分が年老いたときのための備えである。もう一つは、現役世代が支払う保険料負担で高齢者世代の年金給付に必要な費用を賄う「世代間扶養」という税金的な性格だ。税金的な性格がある以上、外国人にもある程度は負担してもらう必要がある。これを理解してもらうのはなかなか骨が折れる。

長いつきあいになる永住者がいる。日本で起業し、カレー屋さんを5店舗経営しており、日本語も堪能である。

「どうせ日本に住むなら帰化した方が楽じゃない？」と聞いたことがある。

彼曰く、本国に土地を持っていて、毎年値上がりしているが、国籍を離脱すると放棄しなくてはいけないそうだ。アジア諸国などでは、個人の土地保有を認めていない国も多いし、まして外国人に認めている国は少ない。そういうこともあるだろう。問題は、その後の彼の発言である。

「年金も払ってないし、ずっといられるかな」

耳を疑った。すでに何十年も日本にいるのだ。なぜ払わずにいられるのか。

もし彼が働けなくなり、子どもからも見放されたら、生活保護を受けるしかない。経営者だけでなく、社会保険に加入していない企業に勤める外国人は、必然的に国保に入ることになる。しかも、国保だけで年金に加入していない。

社会保険と年金はセットである。企業が厚生年金保険に加入すれば、必然的に年金にも加入することになる。健康保険問題のところでも触れたが、強制加入を徹底すれば、この問題は解決する。

以前の永住審査では、年金については審査していなかった。だがここ数年、提出資料にはなっていなかったものの、追加資料として3年分の年金保険料の支払いを確認していた。3年分である。ところが、2019年6月、永住審査の提出書類に改正があり、2年分の保険料の支払資料を提出させることとなった。これは、むしろ逆行である。

永住、帰化の場合には、その外国人がその後、日本で死ぬまで生活することを想定する必要がある。それなら、入国以来の保険料の支払いを確認できないものだろうか。通常の申請であれば、少なくとも本人が払える最長の受給条件をクリアしている場合にだけ、永住を付与すればよいと思う。

例えば、20歳を過ぎれば、年金は学生でも加入しなければならない。負担であれば、学生納付特例という制度もある。前年の所得が118万円以下である20歳以上の学生の場合、年金の支払いが免除されるという制度だ。月9万円強しか働けないが、それ以上働くとなると偽装留学生の可能性も高く、そうであれば年金を払ってもらえばいい。留学生が年金に加入するためには、自分で役所の窓口に行って手続きをしなければならないので、知識がないと漏れてしまう。このあたりは学校でもしっかり指導をしてほしいところである。

すでに支払えない期間があるのであれば、その期間を個人で加入できる保険で補わせる方法もあるだろう。永住に関して問題なのは期間だけではない、と書いたのはこのことだ。

⑦ 生活保護問題

年金のところで少し触れたので、この問題もとりあげておく。

外国人特有の問題として、生活保護を受けているにもかかわらず、本国にある資産が確認できないとか、受給できる状態のまま帰国し、本国でカードを使って出金していたという問題があるようだ。私は、そういう案件はまだみたことがない。したがって多くは語れないのだが、これは大きな問題だと感じる。

日本人と結婚をして永住権をとり、子どもが生まれたのちに離婚し、生活保護を受けている、という事例をみたことがある。日本人に認知された子どもの親も、条件は同じだ。彼らの場合、日本人を扶養しているので、生活保護を出すのも仕方のないところがある。もちろん、それなりの生活努力をしてもらうことが条件になる。

だが日本人でも、生活保護を受給するためにわざわざ離婚する夫婦もいる。日本人が使える制度は、条件さえ合えば外国人も使える。日本人とまったく関係性のない外国人が生活保護を受けているなら、渡航費を払って帰国してもらった方が安く済む。更新許可をしなければいいわけだが、すでに永住権を持っている外国人の場合は問題だ。年金をもらえない永住者がいることは前項で説明した。どのようにこの問題をコントロールするのか、もう一度考える必要がある。

それまで生活保護を受けていたが、外国人の若い子と恋に落ち、結婚したという男性がいた。生活保護を理由に、奥さんの在留資格が却下された。その人は、それを機に一生懸命働き始めた。働けたということだ。

生活保護は権利であり、本当に必要としている人がいるのは事実である。誤解をおそれずに言うと、日本人であれ外国人であれ、生活保護を受けている一部の人たちの生活ぶりをみていると、なにかしら割り切れないものを感じるのは私だけではないだろう。「その状態なら死に物狂いで働いている人はいくらでもいるよ」と思えてしまう人がいるのだ。

外国人の比率が高いのも問題だ。年金を受給できない永住者がいるのだから、増えてあたりまえである。しかし、日本人も含む制度そのものの問題もあると思う。

日本は労働者がどんどん減っている。働ける年齢の健康な人を遊ばせておく余裕があるのだろうか。私は外国人をある程度受け入れることに賛成であるが、まずは国内人材を徹底して活用することが最優先である。ホームレス問題なども同じだ。空き缶を集めて業者のトラックまで運ぶ体力がある人が、仕事ができないはずもない。

本当に必要としている人にわたらず、制度を悪用しようとする人たちを利する生活保護は、難民申請と同じように負のスパイラルに陥っている気がする。

ちなみに、外国人に関しては「生活保護法が適用される『国民』に外国人は含まれない」、

「外国人は行政による事実上の保護対象にとどまり、法に基づく受給権は持たない」という最高裁判例が確定している（最高裁平成26年7月18日判決）。つまり、あくまで自治体の判断による人道上の支援ということである。ただし、この判決は外国人への生活保護費の支給が「違憲」「法律違反」であると言っているわけではない。

⑧外国人の犯罪

外国人が増えると犯罪が増えると思っている人は多い。警察庁が詳細な犯罪統計を発表しているが、来日外国人の数字については特定しているものの、在留者についてはは統計がない。したがって、外国人の犯罪比率が日本人と比べて多いのか少ないのかは、正確なところはわからない。だが参考になるものとして、法務省の施設である法務総合研究所が、２０１４年に受刑者の分析をして作成した資料がある。少し古いが、傾向は読み取れる。

「（平成）22年（実際に犯罪が行なわれた年）の日本人人口1万人当たりの日本人受刑者数を参考値として算出すると、１・９であった（法務省大臣官房司法法制部の資料及び総務省統計局の人口資料による。）。日本人と外国人との比較に当たっては，外国人受刑者の中で相当数を占める短期滞在の者及び不法滞在の者は、今回の数値に含まれていないこと等から、厳密な比較は困難であることに留意する必要がある。」

受刑者数からみると1・9倍の比率にはなるが、短期滞在、不法入国が半数近くいる。正規に在留資格を保有する外国人の犯罪が、日本人と比べて突出して高いとまでは言えないということになる。

時々、犯罪歴のある外国人の在留資格を扱うことがある。私が扱うケースで多いのは、「日本人の配偶者等」、もしくは「日本人の配偶者等」から「永住者」になった外国人だ。どちらかといえば、出来心でやってしまいましたという場合が多い。

薬物や人身売買、売春などは一発アウトだが、それ以外の犯罪の場合、「無期又は1年を超える懲役若しくは禁錮に処せられた者」で実刑にならなければ、退去強制にはならない（入管法第24条4リ）。執行猶予がつくと日本にいられる場合がある。ただし国外へ出てしまうと、上陸拒否事由に該当するので入国できない。犯罪の程度や悪質性などにもよるが、そういうケースで特別在留許可の申請をしてもかなり厳しい。犯歴のある申請者には、なぜ犯罪に手を染めたのかという話は必ず聞く。

あるアジアからやってきた外国人は、路上の自転車を盗んだために窃盗罪でつかまった。その時、すでに日本人の奥さんがいたのだが、彼に言わせると「捨ててあったと思った」らしい。自分の国ではこんな風に自転車を路上に置きっぱなしにしたりしない、というのが彼の言い分だった。にわかには信じられなかったが、彼はその後、会社を大きくして利益も出し、自宅も購入した。根は家族思いで真面目である。それでも一度やってしまうと、在留状況が良いとはなかなか思ってもらえない。

ここ数年問題になっているのが、帰国する外国人の銀行口座売買だ。振込詐欺などで使われるらしいが、日本人の口座の場合もあるので外国人だけの犯罪とも言えない。

銀行口座の開設は年々厳しくなっている。まず、6ヵ月以上の滞在が条件である。実際に就職している、会社の経営を行なっている場合には、例外的に認められる。したがって、技能実習生や「特定技能」、「技人国」で来日する外国人は口座の開設が可能である。もちろん、在留カードの提示は求められる。犯罪に利用するための口座など、簡単には作れないはずだ。そこで、帰国したらいなくなる人の口座を買い取るわけである。

銀行口座の売買を防ぐには、外国人が在留資格を失ったときに、銀行口座も凍結するという方法をとれば可能かもしれない。留学生が銀行口座を開いて帰国し、数年して日本に戻ってきた場合、まず問題なく口座は使えるという。10年程度は大丈夫ということだろう。在留カードは毎回番号が変わるし、マイナンバーを利用できるようにしたとしても、いったん帰国してしまい、再度在留資格を取得したときに判別できるのだろうか。

すべての銀行が生体認証を採用すれば、それを義務付けることで防止可能になるかもしれない。ただし、日本国憲法には平等の原則がある。外国人だけを規制する法律を制定するのは、なかなか大変なのだ。

⑨賃金が下がる

最後にもう一度、賃金の話だ。

外国人がたくさん入ってくると、日本人の賃金が上がらないと思っている人は多い。外国人労働者の正規受け入れでは、賃金はむしろ上がる可能性があるのではないかという指摘をしたが、大量の労働力がなんの政策もなしに入ってきて人が余れば、それは賃金を押し下げる結果になる。

しかし、移民問題を抱えているヨーロッパ諸国で起こっていることは少し違うようだ。「移民に職を奪われた」という。「職を奪われた」ということは「仕事がない」と思うかもしれない。しかし、仕事はあるのだ。だから移民が働けているのである。どんな仕事かといえば、今、日本が受け入れようとしているような職種である。ヨーロッパではEUという大きな自由経済圏ができたために、東欧諸国から多くの移民がイギリス、ドイツ、フランスなどに入ってきた。そして、安い賃金でそういう職種に就いた。そのため賃金が上がらず、労働対価に見合わないため仕事に就かない若者が増えたという。

一定の技能を持った外国人がたくさん入ってきて、安い賃金で働かれると、高校を出たばかりで何もできない自国の若者を企業が使わないことも起こるだろう。ヨーロッパの若者の失業率が高い理由は、日本のように学校を出たばかりの新卒者を育てる慣習がないからだというのは、これまでもよく言われてきた。実際、ドイツでは、この問題を解決するために職業訓練などを充実させる政策をとっている。

政府は、受け入れる外国人は賃金が下がるほどの数ではないことを説明して、国民の不安を払拭する必要があるし、外国人が入ってきても賃金を下げない政策をとることを明確に見せる必要がある。

そして、個々の企業においては外国人と日本人を区別しないことだろう。現在でも、外国人の賃金は日本人と同等でなければならない。実際には、技能実習のように、5年ほどの経験を積んだ日本人と同等のレベルにありながら最低賃金で働いている実習生が多くいる。彼らの賃金を労働者の標準にしてはならない。

安い賃金で基準が決まってしまうと、その業種がすべて外国人労働者で賄われるようなことになる。安い賃金のために外国人しか応募してこないような業種ができあがると、結局ヨーロッパで起こっていることと同じ状況が起こる。最低賃金を上げても、最低賃金でしか働かない人の集まりができてしまえば効果はない。

「特定技能」の介護では、一つの企業の受入数が、その職場で働く日本人等の数を超えてはいけないという上限を設けている。「日本人等」のなかには、いわゆる身分系の在留資格を持つ外国人や介護の在留資格を持つ者、ＥＰＡ（経済連携協定）で受け入れた介護福祉士も入る。かなり緩い条件かもしれないが、外国人だけで職場を構成することはできない。すべての産業において、こうした方法は検討の余地がある。

外国人を雇用すれば、それ以外の費用もかかることはすでに説明した。そこまでしても外国人を雇用する必要がある職場が雇用すればよい。原則、受益者負担である。技能実習生の受入れ機関の半数が、従業員19名以下の零細企業である。それらの企業が、人件費の安い労働者を使えるという理由だけで生き残っているのであれば、むしろ退場してもらった方がいい。余分な数の外国人を入れずに済むし、デービッド・アトキンソン氏が指摘するように生産性も上がる。

特定技能の支援策にある受入れ機関の義務に、「家を借りたときの保証人になる」という項目がある。会社の寮、社宅などの扱いをした場合、月々の家賃は給料から控除できるが、初期費用は控除できない。実習生一人ひとりの初期費用をカバーする必要が出てくると、会社にかかる負担はかなり大きい。一人にワンルームを与えるのは、人の入れ替えが軌道にのってしまえばいいが、増員が続いている間は初期費用が次々とかさんでいく。

日本人を雇った場合、自分で家を確保するのが普通だ。外国人にワンルームを借りるシステムを準備して、日本人の若者には提供しないと、日本人の側にも不満が出るかもしれない。保証人にしても、外国人の保証人になるなら自分の保証人にもなってくれというリクエストが日本人従業員から出てくる可能性もある。

そういう場合、受入れ機関はどんな言い訳をすればいいのだろう。「彼らは5年で帰るのだから我慢しろ」と言うのだろうか。

外国人労働者を支援することは重要だが、どこまでも日本人と同じである必要があるだろう。私がお手伝いをした職業紹介などで、海外からエンジニアが入ってくる案件では、借り上げ社宅の制度があればそれを利用する。そうでない場合には、いったん初期費用を貸し付けて、分割返済させている会社が多い。これは、別の見方をすれば借金になる。

借金をさせられて入国し、苦労している技能実習生のことを考えると、そういう手段は認められないのかもしれない。短い期間、日本で働くのだから、少しでも手厚く保護したいと考えるのはよくわかるし、外国人が働きやすい環境を作ることで労働力を呼び込める可能性はある。ただ一方で、日本人から出るかもしれない不満にも、十分耳を傾ける必要がある。

外国人の立場から問題をみてみると……

今度は外国人の側から問題を考えてみる。

私たちの周りには、すでに283万人の外国人がいる（2019年6月末）。外国人が増えるにつれ、地域における外国人と日本人の軋轢が問題になり、外国人の受け入れを拒む理由にもなっている。自治体窓口、学校、病院、そして外国人住民が多い地域の町内会などは、すでに外国人への対応を否応なく迫られてきた。

日本社会からいつまでたっても疎外されている、差別があると感じる外国人が多ければ多いほど、分断が起きるし、その結果「悪い外国人」も増えるだろう。

総務省は2006年に「地域における多文化共生推進プラン」を発表しており、多くの自治体が独自にプランを策定してきた。だが一般国民が積極的に関わっていこうというところまでは、盛り上がってこなかったのも事実だ。

しかし、すでにいる283万の外国人、これからやってくる外国人と、私たち日本人との間に分断があってよいはずもない。2019年の入管法改正に伴う労働者の受け入れに際して、改めて「外国人材の受入れ・共生のための総合的対応策」（以降「総合的対応策」）が議論され、閣議決定されている。私たちにいちばん密接に関わりのある「職場」や「地域社会」に関する問題を中心に、私が体験してきた（在留資格以外の）外国人問題、民間で行なわれている取り組みなどを紹介させていただく。

「総合的対応策」の冒頭には、「国民及び外国人の双方から共生施策の企画・立案に資する意見を継続的に聴取」し、「各種啓発活動を推進」することが明記されている。

そこで、業界別にヒアリングが行なわれた。ヒアリング結果は法務省のホームページに掲載されている。業界関係者、外国人側からの聞き取りもあり、かなり生々しい内容も掲載されている。そこには、私のところに来る外国人や雇用主が話すことと一致するものもいくつかあった。次に挙げたのがそうである。これらの点を中心に問題を見渡してみたい。

・少しでも多く働いて稼ぎたい
・ＳＮＳでの情報収集が多い
・社会保険の仕組みがわからない
・外国人には住宅を貸してくれない

・労働環境が悪い
・会社以外で日本語を話さない

万国共通の願いは、たくさん働いて稼ぐこと

〈少しでも多く働いて稼ぎたい〉〈労働環境が悪い〉

すでにとりあげたが、「少しでも多く働きたい」というのは、留学生を含め外国人から頻繁に聞く。このヒアリングからも、出稼ぎ意識が高い外国人が多いと思われる。

それがわが国の国益に合っているかはともかく、少しでも稼ぎたいという留学生と、人手不足を補いたいという事業主の利害が一致した結果、資格外活動の枠を超えてしまい、日本にいられなくなった留学生は大勢いる。日本の労働規約の範囲でしか働いてもらうわけにはいかないのだが、多くの外国人はもっと働きたいと思っており、その点を彼らに十分説明できない苦労もある。

彼らが少しでも多く働きたいと思う理由の一つには、彼らの収入が総じて少ないこともあるだろう。いまだに外国人は安く使えると思っている経営者は少なくない。日本人労働者にとっ

てもブラック企業が問題になる時代なのだ。外国人を酷使して当然と思っている企業があっても不思議ではない。もちろん、それでいいはずがない。

２０１９年６月、留学生が「強制帰国」を争って日本語学校を提訴したというニュースが流れた。この留学生は介護施設でアルバイトをしていたが、１週28時間という制約を免れるため、30時間のボランティアをさせられていたという。職場に抗議をすると、「これが日本のルール」と言われ、学校に抗議をすると「帰れ」と言われた。しかも帰国まで監禁され、結局、隙を見て逃げ出してＮＰＯ法人に駆け込んだ。会社側は事実を認めて賠償を支払ったが、日本語学校が認めなかったため訴訟に至った。

ここまでひどい例を私はみたことがないが、日本語学校がパスポートを保管するというのは実際にある。学校は学生を管理したいので、パスポートを保管したがる。逃げられたりすると困るからだ。一方で、東京福祉大学の事件のように、学校に通わない学生をそのまま放置しているケースもある。日本語学校、専門学校、大学にせよ、基本はビジネスだ。教える知識に対して対価をもらう。それ自体は悪いことではない。しかし、在留資格のための逃げ口になっているのも事実であり、まるで派遣会社かと思うような学校もある。

技能実習の聞き取りでも労働環境の問題は出ていた。縫製の技能実習生として勤務していた実習生が、労働上の問題で疑問を感じ、知り合い経由で労働組合に相談した。経営者と労働組合と監理団体で話し合い、監理団体の世話で転籍して、別の企業で働くことになった。7時から22時まで勤務、休暇は月に1日程度、毎月の法定時間外労働時間は150時間以上に達していた。この実習生は幸運だったかもしれない。仕方がないと思っていたというケースも紹介されていた。

この種の問題は後を絶たないし、日本人でも直面する。外国人労働者が逃げ込める場所を確保する必要があるだろう。言葉の問題もあるので、外国人への対応能力を強化したNPO法人がもっとできてもいいかもしれない。

このような駆け込み寺を機能させるためには、日本人と外国人が協力する必要がある。日本人からひどい目にあうと、彼らは日本人をなかなか信用しなくなる。

〈SNSでの情報収集が多い〉

まさにその通りで、私のところに外国人から来る依頼も、多くはSNS経由である。Facebook か Instagram からの依頼が多いが、Twitter や WeChat、WhatsApp もよく利用されている。

SNSでの情報共有は効率的なようにみえるが、間違った情報も多く、そういう情報に振り回される外国人も多い。

あるとき、「永住が7年でとれると聞いた」という相談があった。もちろんそんなはずはない。原則は10年である。

「私の友人が7年でとれた」というので、「その友達を呼んでおいで」というと、事情を話し始めた。結局、その友人は日本人の配偶者で、7年でとれたわけではなく、7年目でようやくとれただけの話だった。しかも、その「友達」は、実際には会ったこともないFacebookの「友達」だった。彼のFacebookのタイムラインを読んで、その事情を私に説明していたのだ。

そういうコミュニティのなかには、同国人を利用しようとする者もいる。日本語がある程度できるが知識がない外国人の言うことと、日本語しかできない行政書士が言う話と、どちらが信頼できるかと言えば、少なくとも在留資格に関しては後者である。ところが、母国語でコミュニケーションがとれるというのは信頼を得るための大きな要素で、時折、そういう偽のコンサルタントに利用される気の毒な外国人がいる。

会社は他の人に頼んで設立したので、「経営・管理」の在留資格をとりたいという相談があった。資本金は500万円になっているので、「経営・管理」の最低限の要件は備わっている。ところが、どこからこのお金を調達したのかという質問をしたあたりから話がおかしくなってきた。まず、通帳には50万円しか残っていない。残りのお金はどうしたのかと尋ねると、会社を設立してくれた人が貸してくれたので、返したという。つまり、全くの見せ金で設立されているのである。誰に頼んだのか聞いたところ、同国のコンサルタントだという。しかも、かなりの高額を支払っていた。

法人登記は司法書士の独占業務である。だから、本件は司法書士法違反である。私たち行政書士も法人設立をするが、最後の登記だけは司法書士に依頼をする。司法書士の独占業務なのに、なぜ行政書士が法人設立をするかというと、許認可という行政書士の独占業務が関わることが多いからだ。許認可をとるための条件を整えた上で法人設立をする必要がある業種や、医療法人、学校法人、NPO法人などは、行政書士が法人設立に関わることが多い。私の場合は、外国人の在留資格がとれるように条件を整えて設立する必要があるケースに関わることが多い。

このケースではもちろん、見せ金ではなく実質的に資本として使える資金を準備しなければいけない。もし資金を借りたのであれば、支援してくれた人の収入証明を入手し、人間関係を説明して返済計画を提出する。その資金がどのように準備されたか、どこから突っ込まれてもいいように入念に説明する必要があるのだ。見せ金で設立した会社では、在留資格はとりようがない。

同国の先輩の口車にのって難民申請をした留学生もいた。しかもこの先輩は、一人10万円の費用をとって次から次へと難民申請をさせていたのである。一度、難民申請をすると、袋小路に陥ることになる。他の在留資格への変更はほとんどできないし、いったん帰国しても、難民申請が虚偽の申請ではないかと疑われ、次の審査でもかなり厳しく見られるからだ。

「総合的対応策」でも、行政・生活情報の多言語化、相談体制の整備に関する項目の中で、SNSでの情報提供が検討されている。SNSというのはツールである。なぜ外国人がSNSを利用するのかといえば、母国語で気軽に情報共有ができる環境があるからだ。それを上回る信頼を得るためには、良質な情報の提供を繰り返し行ない、行政が外国人をサポートする信頼できる存在であることを伝え、理解してもらうしかない。外国人向けの「啓蒙活動の実施」については、SNSは確かに有効な手段だろう。

SNSに関してはスマートフォンを持っていることが条件になるが、聞き取りではスマートフォンを分割で買えないため、自分の国で使っていたスマートフォンをWi-Fiにつないでいたというケースが紹介されていた。日本のSIMカードが使える機種であればそれほど負担はないのだが、そういった情報もなかなか手に入らないということも考えられる。こういうささやかな情報すら、伝わらないこともあるのだ。

世界一高度な社会保険こそ日本国の実力

〈社会保険の仕組みがわからない〉

「総合的対応策」の「生活者としての外国人に対する支援」のなかに、「社会保険への加入促進等」という項目がある。

・法務省から厚生労働省等への情報提供等による社会保険への加入促進
・医療保険の適正な利用の確保（被扶養認定において原則として国内居住要件を導入、不適正事案対応等）
・納税義務の確実な履行の支援等の納税環境の整備

「支援」といいながら、入らせることばかり取り上げられていて、なんとなく上から目線を感じてしまう。もちろん、日本のルールだから入るのが当然という理屈もあるだろう。

しかし、社会保険の仕組みについては日本人の若者ですら十分に理解していないし、保険料を払いたくないという若者もいる。本来、厚生年金保険に入らなければいけないのに、代表者を筆頭に国保加入という会社もある。外国人が理解できないのは無理もないところだろう。厚生労働省をはじめ社労士会や業界団体など、専門的知識をもっている団体にぜひ効果的な説明方法を確立してほしいと思う。

保険証の貸し借りを悪意なく行なってしまうのも、彼らの理解不足もある。日本の社会保険のような高度に整備された制度は少ないのだから、この制度を十分理解してもらうことは、日本の良さをわかってもらうことでもあると思う。

ニホンゴハナシマセン、部屋は貸せません

〈外国人には住宅を貸してくれない〉

外国人の入居に拒否反応を示す大家さんは多い。まず「日本語が話せないとね」という切り口で断られる。私が外国人のために不動産を探すのは、今まではほとんど「経営・管理」の起業家のためだったが、そのレベルの外国人ですら敬遠される。

以前に外国人を入居させて懲りているというオーナーもいる。ゴミ出しの問題、家賃の滞納、備品の破損など、問題が多いことも事実だ。「何人で住むのか」も、大家さんからみれば気に

なるところだろう。若い子たちのなかには何人も仲間を引き入れて夜中まで大騒ぎする連中もいるので、どうしても敬遠されるのだ。

店子が迷惑をかけると、近所の人たちはオーナーに文句を言う。直接言わなくても、警察に苦情がいき、そこからオーナーへいくこともある。かつて日系人の世話をしていた知り合いの総務部長は、彼らのために借りたアパートのご近所のみなさんとの関係で大変苦労をされていた。

「特定技能」では会社が保証人になることを求めている。外国人労働者を使う場合は企業が支援せよということだ。しかし、こういう制度上の解決策だけではなく、日本の生活を理解してもらう細かい努力も必要なことは確かである。

最近は、東京・大阪にはGTN（株式会社グローバルトラストネットワークス）という外国人専門の不動産会社、保証会社ができた。外国人の賃貸に前向きな不動産会社も増えてきている。ビジネスとして成立するからだが、空き家が増えて住宅が活用されていないことを考えれば、もっと増えてほしい。

家を貸してくれないという問題以外にも、住環境についての聞き取りがあった。二部屋で8人、一軒家で9人という生活を強いられていた事例や、ねずみが出るような劣悪な環境だったという事例などが紹介されている。

〈会社以外で日本語を話さない〉

「日本語を話さないので日本語が上達しない」というヒアリングがあった。言葉の問題は重要で、せっかく日本に来てくれた以上、日本人とコミュニケーションをとれるようになって帰ってほしいが、職種によってはそれが難しい。仕事の現場だけでしか日本語を使わない環境もある。先輩の技能実習生に仕事を教わり、休憩時間も同国人同士で過ごし、部屋に戻ればまた同国人同士となると、日本語はなかなか上達しない。

仕事で使う言葉というのは、それほど難しくない。内容が限られているからだ。英会話でいうと、「基礎英会話＜ビジネス英会話」というのが一般的に言われている難易度の順位だ。しかし、ネイティブの自由な会話についていくのはむしろ難しい。海外留学経験のある何人かにも尋ねてみたが、「基礎英会話＜ビジネス英会話＜日常会話」というのが共通した印象だった。

もちろん、ビジネス会話特有の「失礼にあたらない表現」があって、それを完璧に身につけるとなるとそれなりの訓練がいる。ただし、外国人が話していると相手が認識していて用件さえ正確に伝われば、それほど問題は起こらない。これは日本語でも同じで、仕事で使う日本語は、職種によって決まった単語や言い回しを繰り返すので、慣れてしまえばなんとかなる。ただ、介護に関してはかなりの日本語能力を求められると思われる。

私のクライアントに、かつて日本に留学した経験があり、介護現場で働いている50代の女性がいる。彼女はN2資格を持っており、私が聞いても自然で美しい日本語を話すが、彼女は「N4レベルではお年寄りと会話をするのは難しいのではないか」と言っていた。

受入れ企業と登録支援機関には、日本語の指導も求められている。

・生活のための日本語習得の支援

・外国人と日本人との交流の促進に係る支援

これは、私がかつてやったような、日本語の先生をつけて勉強させたり、日本語学校へ行かせたりというようなことを言っているわけではないだろう。もちろん、それはやった方がよい。自治体によってはボランティアによる無料や低価格の日本語教室などもあるので、利用してみるのもいいだろう。会社以外の場所で日本人と接点をもつことが、なにより彼らのコミュニケーション能力を伸ばす。

ヒアリングのなかに、「住まいは与えられたがテレビもなかった」という技能実習生の声があった。私が前職で手掛けたアーティストで、わずか半年で日本語が格段に上手になった韓国人の女性がいた。彼女の先生はテレビだった。普段から日本語を多少は話す環境でもあったし、日本語と韓国語は文法が似ているということもあるが、テレビドラマやバラエティ番組は日本語の習熟には有効だ。

「来た時よりも、もっと日本を好きに。」

日本人のホスピタリティーは、多くの外国人観光客から高く評価されている。

現在日本に在留している外国人のうち、何割かはやがて自国へ帰っていく。そのとき、日本という国は良い国で、すばらしい国であると伝えてくれるか、あの国ではひどい目にあったと喧伝されるかで、わが国の評価は大きく変わるだろう。観光客に対するおもてなしができるのであれば、在留外国人に対してもそれなりの対応ができそうなものである。

第1章で触れたＥＤＡＳという団体のスローガンは「来た時よりも、もっと日本を好きに。」である。日本が受け入れる外国人が、単なる出稼ぎ労働者や、学んだものを自国へ持ち帰る留学生・実習生であったとしても、あるいは定住する移民であったとしても、このスローガンには意味がある。帰国する人には、もちろん文字通りの意味がある。彼らこそ日本の良さを伝えてくれる親善大使になる。そして定住する人には、日本を好きになり、日本の社会に溶け込んでくれるようになってほしいという意味で、やはり意味がある。

ＥＤＡＳの理事である田村拓氏は、ダイバーシティを表現するとき、日本語にいい言葉があると言う。「お互い様」である。日本人が感じる外国人の不当利益。外国人が感じる差別と疎外感。そのどちらをも互いに克服していく必要がある。

第6章

「共生」への処方箋——私の考え

言われないから気がつかない、怒られないから直さない

外国人に関して多くの問題があるのは事実である。

しかし、国がここまで開かれたなら、「ダイバーシティー」や「多文化共生社会」ということを当然意識しなくてはならないし、また多様な人材を活用していくことが社会の力になる。

だが「共生」は、言うは易く、行なうは難しだ。例えば、オランダでは他民族の教育に対しても資金援助をしており、それはすばらしいことのように思える。しかし、この問題をわが国に当てはめると、朝鮮学校の授業料無償化を認めるか、という話に近い。今の日本で、これに賛成の人が多数派であるとはとても言えないだろう。

日本にいる外国人には日本に溶け込んでほしい、というのが多くの日本人の本音ではないだろうか。「日本にいる以上、日本語を話せ」というのと同じように、自分たちと同じような行動をしてほしいし、同じような価値観をもってほしいのだ。

世界平和を語りながら国益を争うのが人間である。共生社会の理想について頭ではわかっている。だが、総論では賛成でも各論は反対なのだ。ネクタイを締め、颯爽と英語を話すビジネ

スマンには寛容でも、隣に住む外国人のゴミ出しには眉をひそめる。「共生」というきれいごとだけでは問題は解決しない。共生という理想を追求すると同時に、彼らにも日本人と同じように行動してもらう、似たような価値観をもってもらうことも必要なのだ。

イスラム教徒に仏教徒に改宗してくれと言っても無理だろう。しかし、宗教や性的指向と違い、行動様式の程度であれば可能性はあるのではないだろうか。彼らは日本が好きできているのだ。前に年金を踏み倒していた外国人の話をしたが、彼らは納得すれば従ってくれるのだ。

私は普段、外国人に注意をすることが多い。割り込みなどもそうだ。最近多いのは、満員電車に飲みかけのドリンクを持ち込んでくる連中などである。

ある時、ネパールレストランの経営者と一緒に、電車で彼の支店に移動したことがあった。彼がずっとネパール語で電話しているので、注意した。

「日本人だってやってるじゃないか」と言うので、「確かにそういう日本人もいる。礼儀やマナーを知らないか無視している連中だ。君はそっちに合わせたいのか？　それともまともな日本人とどちらの側にいたいんだ？」と言ったら、しぶしぶ電話を切った。

エチケットを知らないと言われるのは、誰だって好きじゃない。言われないから気がつかない、怒られないから直さない外国人はたくさんいる。

日本人は本音を伝える必要がある

日本人は長い間、同じ価値観をもつ者同士のあうんの呼吸でつきあってきた。そのため、外国人とのつきあいが下手であることは間違いない。

かつてタレントとしても活躍した弁護士のケント・ギルバート氏は、著書『天皇という「世界の奇跡」を持つ日本』（徳間書店）で、日本人の外交下手をこう表現している。

日本人は「本音と建前」や「阿吽の呼吸」を使って、国内では素晴らしいコミュニケーション能力を発揮しますが、そんなものは海外では通用しません。（中略）日本はもっと、自分たちの文化や考え方を相手に理解してもらえるよう、丁寧に説明する必要がありました。外交は相手のことを理解するだけではダメです。自分たちのことを理解してもらう努力が、それ以上に大事なのです。

日本にいる外国人への対応は、外交とは違うかもしれない。しかし、日本人の交渉下手、表現下手の根っこは同じではないだろうか。これからは「あうんの呼吸」など全く通じない外国人がたくさん入ってくる。だから、何度でも話して理解し合うしかない。何も言われなければ、それは「大丈夫」ということなのだ。

『異文化理解の問題地図――「で、どこから変える?」グローバル化できない職場のマネジメント』（技術評論社）の著者である外国人材コンサルタントの千葉祐大氏は、外国人の部下を日本人の上司がうまく使えない理由として、「聴き手（部下）に責任をおしつけられるコミュニケーションスタイル」にあると指摘している。いわゆる忖度などもそうかもしれない。職場に限らず、「この国では誰もがそうするのがあたりまえだ」と思って何もアクションをしなければ、相手は永遠に理解してくれない。

この国では、日本人がマジョリティーである。外交など国際政治における対立を解決するよりは、日本にいる外国人とのコミュニケーションは易しいはずである。彼らの多くは、日本に住みたくて来ているのだ。稼ぐために来ている外国人だって、安心して稼ぐためにはこの国のルールや慣習に従う必要がある。マジョリティーである日本人があたりまえだと思っていることを、しっかり説明して理解してもらうだけの情報発信が必要なのだ。

「共生」と「同化」のあいだ

この国でマジョリティーである日本人の本音を、もっとあからさまに伝えてほしいと私はいつも思う。この国の中では、まずこちらのあたりまえの主張、価値観、ルール、そしてその理由を、明確に伝えることが必要である。それがないと外国人は混乱する。

一口に外国人といっても、あらゆる国の外国人がいる。みなが同じメンタリティーをもっているわけではない。それらの外国人に共通の理解をしてもらうためには、まず私たちの本音を伝えるしかない。些細なことでも、気がついたことは遠慮せずに口に出すことが必要だ。「こんなことは外国人は知らなくてよい」と決めつけるような事柄はほとんどないのだ。

いちばん極端な例を挙げてみる。移民受け入れに反対する勢力には保守派が多い。保守と言われる人たちの心のよりどころは皇室である。では、皇室の存在と外国人は相容れないだろうか。外国人は皇室の存在を受け入れないだろうか。

例えば、前述のケント・ギルバート氏は先の著書で、「皇室は世界で唯一無二の存在」と評価し、「天皇の存在ほど意義が大きいものはないと思います」とその価値の大きさを認めている。彼は外国人である。他にも多くの外国人が、皇室の存在に敬意を抱いている。日本に在留する、将来移民となるかもしれない外国人、帰化するかもしれない外国人に、同じように皇室の存在を誇るのは悪いことだろうか。

実際、2019年11月の天皇陛下即位パレードでは、多くの在留外国人が沿道で手を振った。彼らにそのすばらしさを伝える努力をするのは無駄なことだろうか。ラグビーの日本代表には、多くの外国籍、外国出身の選手がいた。彼らは、「君が代」の「さざれ石の巌となりて」という歌詞に感動して、桜のジャージを着て一緒に歌ってくれた。

共生とは、たんに異文化を認めるだけではなく、双方に歩み寄ることで成り立つものではないかと思う。

元入国管理局長の坂中英徳氏は、NHKの戦争証言アーカイブス「戦後　日本の歩み」の中で、「同化政策」という表現を使っている。「同化」というと、中国によるチベットやウイグルへの圧力などを思い浮かべる人も多いと思うが、もっと緩やかな「価値観の共有」といったことなら可能なのではないだろうか。

「勤勉」「礼儀正しい」「親切」が、日本人が自ら長所として認めている国民性だという調査がある（統計数理研究所「日本人の国民性調査」2013）。実際に外国人からみてどうかはわからないが、そうあってほしいと思うことを共有していく努力も併せて行なう必要がある。

私たちは、もっと彼らと話さなくてはいけないのだ。してほしいことを伝え、相手の意図を聞く。それでもなお、人間同士は最後の最後までわかり合えるわけではない。最後のわかりあえない部分は、受け入れるしかない。伝える努力、聞く努力、受け入れる勇気があって、はじめてコミュニケーションが成立する。

だが、人にはっきり意思を伝えるのは日本人の苦手な部分でもある。具体的にはどうすればいいのか？

それができるのは、やはり職場と自治体ではないだろうか。職場と自治体であればノウハウの共有はできそうである。まだまだ多くはないが、前述の千葉氏のように外国人とのコミュニケーション指導をビジネスにしている方も多い。今後、対外国人の具体的なスキルを指導するようなコンサルタントも増えていくかもしれない。「特定技能」の登録支援機関のような団体がそれらを担うことも考えられる。

カギは日本語にあり

私のところには、インドやパキスタンから、日本で起業したいのだがという問合せが多い。その相談者の半数は高等教育を受けてきていない。インドもパキスタンもイギリスから独立した国で、今でも英連邦の国である。ところが、彼らと英語で話すのはかなり骨が折れる。「英語は話せるか」と聞くと、ほとんどは「大丈夫」と答える。しかし、繰り返しになるが、外国人の「大丈夫」ほどあてにならないものはない。ビザの相談ではかなり細かいところまで相手の事情を聞くが、聞かれた内容に答えられなくなってから、はじめて「英語はちょっと……」という話になる。これは余談だが、英語については日本人もこれくらい自信をもってほしいものである。日本人の学んだ英語の方がはるかに高度なのだから。

話が飛んだが、今は事務所に、日本語、英語以外にウルドゥー語やヒンディー語を話せるスタッフがいるのでコミュニケーションに苦労はしなくなった。彼らと仕事を始めた当初は、誤解以前にそもそも意図が伝わらないことが多くて大変苦労した。彼らのような外国人が、これから日本に入ってくるのである。私の事務所はたまたまそういうスタッフを抱えることができたが、それでも対応できているのは一部の言語だ。

２０００年前後から中国、韓国など近隣からの観光客が増えたので、地下鉄なども、英語、中国語、韓国語で案内が表示されるようになった。多言語で案内するのは良いことのようにも思えるが、相当に負担が大きいことも確かだ。すぐにベトナム語やタイ語の情報発信もしなければならなくなるだろう。東京ですら、それほどの人材を雇用できるか怪しい。

ではどうするか。世界共通語ともいえる英語はともかく、基本、情報提供は日本語で行なうしかない。日本における行動様式の基準が「日本の常識」であるように、日本におけるコミュニケーションの道具は日本語である。地下鉄の表示など、日本語とアルファベットだけで十分だと私は考える。

日本語が話せる外国人をもっと評価しよう

２０１９年6月、超党派で提出された「日本語教育の推進に関する法律」という法案が可決された。これにより、外国人への日本語教育の責任は国・地方公共団体にあること、企業にもその努力を求めることがはじめて定められた。これはかなり重要な法律だと私は思っている。

また、労働者の受け入れとは別に、日本の大学卒でＮ１を取得した学生は職種を選ばず働くことができる告示改正がされた。

この案については、「そんなレベルの学生なら飲食店で働かなくても『技術・人文知識・国際業務』がとれるのではないか」と私も思ったし、周囲の行政書士も同じような意見の人が多かった。日本語資格N1は簡単な資格ではない。職種を選ばずに働けるようにするなら、N2でもよいのではないか、また専門学校生にも適用してよいのではないかと思ったのだ。

日本語の理解できる外国人、日本文化や風習に理解のある外国人を増やすために、日本語の勉強を最優先してほしい意図はわかる。そのためには、日本語がうまくなれば働けるというあめ玉が必要だ。東京福祉大学の偽装留学生たちも、この制度があれば、日本語で良い成績を残せば永遠に働けたのだ。学校へ行かずアルバイトに精を出すより、しっかりと日本語を身につけた方が将来が開けるなら、真剣に勉強する学生も増えるかもしれない。

それなら、すべての資格においてN1という資格を評価してはどうだろうか。N1を持っていても完璧な日本語を話せるわけではないが、相当勉強しなければとれない資格である。文化や風習への理解も進んでいる。N1を持っている外国人には、永住者申請の条件を少しだけ緩和してあげてもいいだろう。良い学生をたくさん育てた日本語学校にインセンティブを与えるという方法もある。

日本語のできる外国人が増えれば、彼らが新たにやってくる外国人との橋渡し役を務めてくれることも期待できる。私の所属する行政書士会の台東支部では区役所で定期的に無料相談を行なっているが、N1取得者が増えれば、行政手続きや生活相談などで外国人向けの相談窓口で臨時相談員になってもらったり、日本語を教えてもらったり、様々なことができそうだ。

交流も生まれやすくなるだろう。前章で取り上げた「総合的対応策」では医療現場の通訳の充実などが課題として挙がっていたが、そういうポジションでＮ１を持つ外国人が力を発揮してくれるかもしれない。

「良い外国人」を増やすために、入り口のハードルを下げ、日本にいるならしっかり日本語を身につけてもらうのだ。

例えば、Ｎ５で上陸を許可し、更新時にＮ４、Ｎ３、Ｎ２とレベルを上げさせ、Ｎ１がとれたら「特定技能２号」や別の資格への変更を認めるという方法もある。業種を超えて横断的に働ける資格を準備してもいいだろう。

日本人のいう「日本語が話せる」レベルというのは、私のイメージではＮ２以上だ。つまり、外国人に対し「日本に住むなら日本語を話せ」と思っている日本人に対しては、Ｎ４のままでは不足なのだ。がんばればチャンスがある制度を作ることで、「良い外国人」を増やすことができるのではないかと考えるのだが、いかがだろう。

外国人が理解しやすい日本語を

一方、私たちの日本語についての認識も少し変えなければいけない。

ずっと昔のことだが、はじめて仕事で韓国に行ったとき、お土産屋で「わたしがしてあげますから」という表現を連発されてムッとしたことがある。もちろん彼らに悪気はなく、それが正しい日本語だと思って使っているのである。

ネパール人には「あなた」を連発される。「あなた」は、本来は敬語表現だが、日本人は通常の会話ではあまり使わない。連発されると気分の良いものではない。専門学校などで仕事で使う日本語を勉強している学生は、「かしこまりました」を連発する。これも慇懃無礼に聞こえておもしろくない。

しかし、これなどは高度な間違い（とまでは言えないが）の部類で、不思議な日本語は山のようにある。それらにいちいち腹を立てていても仕方がないので、慣れるしかない。逆に、彼らは一生懸命日本語を話そうとしてくれているのだと思って、おおらかでいたい。

私は時々、日本語を勉強している外国人を企業の面接に連れて行くことがあるが、私と話していると通じている日本語が、面接官とは全く通じないことがある。

例えば、面接官に「学校を卒業して何年になられますか？」と質問されると、普通に基礎会話ができる外国人でもほとんど理解できない。こういうケースでは、「いつ学校を卒業しましたか？」と聞くとスムーズに通じる。

銀行で日本語が通じないのも、これが理由であることが多い。私は一緒に口座開設に出向くことが多いが、「審査をして口座を開設できるようになりましたら、お電話を差し上げますのでお越しください」と言われても、日常の会話しかできない外国人には理解できない。私なら、「準備ができたら電話をします。もう一度来てください」と言う。

私はこの能力を、外国人アーティストを日本でデビューさせるときのやりとりから学んだ。最近になって、その当時知り合った友人が「やさしい日本語ツーリズム研究会」(代表・吉開章氏)という組織を作って活動を始めたことを知った。彼が講師をした行政書士会主催の研修で再会し、大変興味深い取り組みだと感心し、さっそく自分のホームページにも取り入れてみた。

「やさしい日本語」は職場などでも利用できる。彼の研修で聞いたエピソードをご紹介しよう。

翌日の集合時間を伝えるときに、「明日は10時15分前に集まってください」と伝えたとする。ところが、何人かの外国人は10時を過ぎてもいっこうに現れない。10時10分頃になってようやくゾロゾロと集まり始めた。責任者の日本人は「だから外国人は時間にルーズで困るんだ」と言って腹を立てている——。

なぜ彼らは9時45分に来なかったのか。それは「10時15分よりは前に来てください」と聞き取ったからである。つまり「9時45分に集まってください」と言えばすんなり伝わったのだ。この外国人たちには、「前」が10時15分全体についているのか、15分についているのかがわからなかったわけである。

もう一例紹介しておく。

「事故のため、山手線は不通です」

こう言われれば、日本人は山手線を避けて別のルートを探す。ところが、外国人には「不通」が「普通」に聞こえる場合がある。つまり、山手線は動いていると思ってしまうのだ。そのため、待ち合わせに遅刻してしまったというオチである。普段、日本語を使っている私たちは気がつかない日本語の難しさである。

「やさしい日本語」を積極的に取り入れている自治体がある。福岡県柳川市は、「やさしい日本語ツーリズム」と題して、観光客を英語ではなく日本語でもてなしていく取り組みを行なっている。愛知県は、「やさしい日本語アプリ」を開発して普及を図っている。

自治体のこういう取り組みは、阪神淡路大震災の際、外国人の死傷者の比率が日本人の倍にも及んだことから始まったと言われている。「高台に避難してください」が通じなくても、「高いところへ逃げてください」と言えば通じやすい。

もちろん、日本語を変えることが目的ではない。長い間に培われてきた、日本語独特の機微に触れる言い回し、美しい日本語は大事にしていくべきだ。ただ、まだ十分な日本語能力のない外国人に対しては、やさしく、寛容であっていいのではないかということである。こういう基礎的な会話を繰り返し、交流を図っていくうちに、彼らも高度な表現を覚えていく。翻訳ツールもそれなりに役には立つのだろうが、やはり生身のコミュニケーションがあってこそである。

日本語教育推進法が定める国や自治体、企業の責任はもちろんだが、外国人の不十分な日本語表現や、「やさしい日本語」への日本人の理解も重要である。分断を生まないためには、受け入れる側（日本人）への啓蒙活動も必要だろう。

外国人への日本語教育を充実させる

私が創業をお手伝いした外国人に、日本語と中国語のスクールを開設した中国人がいる。彼は中国の大学在学中に早稲田大学へ留学し、帰国後、再び来日して九州大学の大学院を卒業した。言語指導が専門で、本国で博士号も取得した。

彼は、ほぼパーフェクトな日本語を使う。彼と知り合ったのは、ビジネスマッチングサイトからの問合せがきっかけだった。やりとりをしていた最初のころは、日本人か中国人かまったくわからないほど日本語が正確だった。WeChatで話すようになって、発音が少し中国人っぽいかなと思うところはあったが、ほぼ日本人との会話と変わらない。

そんな彼でも、留学当時は大学の授業についていくのが大変だったそうである。その時の経験を活かして、日本にいる中国人がより日本になじめるように、ネット環境を利用したスクールを開設したのである。N4をとるための授業や、特定技能試験を受けるための日本語指導など、需要があるという。

日本語学校というとすぐにビザの発給と結びつくが、彼が開いた語学スクールはビザ発給を目的にはしていない。彼のターゲットは、すでに日本にいる中国人である。目的は、もっと日本語を身につけてもらうこと、日本の語学試験に合格することだ。ネットでの個別指導なので安価にサービスが提供できるし、大学生が授業を受けるためのレベルや特定技能試験を受けるレベルなど、顧客に合った内容にもできる。生徒の目的に合った授業を提供したいというのが彼の考えだ。

同時に、日本人への中国語指導も行なっている。人口10億人を抱え、隣りに位置する中国は、日本にとって切っても切れないマーケットだ。すでに多くの企業が進出しているが、今後も需要は増えるだろう。国家の政策一つで環境が一変してしまうリスクはあるものの、市場経済のうまみを知った以上、逆戻りはできないだろう。一時的に景気が悪化するようなことはあっても、まだまだ進出の余地があると考えている企業は多いらしく、こちらも引き合いが多いようだ。

先にも述べたが、外国人が日本に来るときはハードルを下げ、日本に来てからは彼のスクールのようなところで勉強をしてもらって少しずつ高いレベルに進んでもらう方が、人も集まりやすいし、結果として高度な日本語を身につけた外国人が増えるのではないか。

せっかく日本語教育推進法という法律もできたのだ。日本語教育を国内でもっと充実させれば、経済効果もあるだろう。中国人にだけ儲けさせるのはもったいないと思うのだが、いかがだろうか。外国人が増えるとは、ビジネスチャンスが増えることでもあるのだ。

外国人の子女も「義務教育」にすべき理由

この国に長期にわたって滞在する外国人が増えるなか、もっとも頭の痛い問題が教育である。すでに多くの外国籍の子どもたちが不就学となっている。文科省の発表では、不就学児童は約

2万人にものぼる。日本の学校になじめず、日本国内で外国の教育だけを受けている子どもたちもいる。

日本にやってくる外国人の在留期間が長くなればなるほど、彼らが日本社会に与える影響は大きくなる。外国人の子どもに日本の教育を受けさせ、日本人の常識を学ばせる機会を作ることは重要だろう。

そんな予算がいるなら追い出せという過激な意見もあるかもしれない。しかし、すでにお伝えしてきたように、国を閉ざすか最貧国にでもならないかぎり、彼らは入ってくる。日本の教育を受けることなく日本国内に長期在留する外国人が増えたとき、私たちの国は一体どうなるのか。

なぜ不就学になるのか。いちばん多かった回答は「お金がない」。二番目は「日本語がわからない」である。「お金がない」と回答した外国人について言えば、それではなぜ在留資格が付与されているのか、という話になる。もちろん、日本人と結婚して子どもができ、離婚した、認知はしてくれたが、ほったらかし、というようなケースもある。だが、少なくとも就労資格を持つ外国人の場合、その費用がないなら家族滞在を認めなければいい。

日本人なら、多くの親は苦労してでも子どもを学校に行かせる。なぜなら、子どもを学校に行かせることが親の義務として定められているからだ。ところが、外国人の場合には、子どもを就学させなくても問題にならない。義務ではないからだという。そして、その根拠を憲法に求める意見がある。

第二十六条
すべて国民は、法律の定めるところにより、その能力に応じて、ひとしく教育を受ける権利を有する。
2 すべて国民は、法律の定めるところにより、その保護する子女に普通教育を受けさせる義務を負ふ。義務教育は、これを無償とする。

「国民」と書かれているため、外国人には義務はないという解釈が成り立ちそうにもみえる。しかし、前章でご紹介したように、現在の憲法解釈は「国民」と「何人」を分けて考えていない。だとすれば、教育基本法の改正、いや解釈を変更するだけで、外国人の子女についても義務教育化することは可能なはずと考える。

ちなみに、教育基本法の前文にはこのように書かれている。

我々日本国民は、たゆまぬ努力によって築いてきた民主的で文化的な国家を更に発展させるとともに、世界の平和と人類の福祉の向上に貢献することを願うものである。

我々は、この理想を実現するため、個人の尊厳を重んじ、真理と正義を希求し、公共の精神を尊び、豊かな人間性と創造性を備えた人間の育成を期するとともに、伝統を継承し、新しい文化の創造を目指す教育を推進する。

ここに、我々は、日本国憲法の精神にのっとり、我が国の未来を切り拓く教育の基本を確立し、その振興を図るため、この法律を制定する。


「我が国の未来を切り拓く教育の基本を確立」するのに、私たちと暮らす外国人を含めないでよいのだろうか。放置しておけば、私たちの国のなかに価値観や行動様式が大きく違う外国出身者が増えていくだけだ。日本の教育を、外国人にも施すべきである。

日本らしさを守るために

永住と家族の帯同が大きく影響することについては、すでに述べた通りだ。永住者と特別永住者を合わせて110万人が日本に在留している今、移民化は始まっているといってよい。

また、高度専門職のように1年で永住申請を認める在留資格もある。永住申請を経なくても、帰化という手段もある。

つまり、国を閉ざさないかぎり外国人は入ってくるという理屈と同じように、永住者も増えていく。移民を積極的に受け入れる政策をとらなくても、動きは鈍いかもしれないが外国出身者は増える。国を開けば利益はあるが、コストもかかる。コストをかけずに放置しておけば、次の世代で取り返しがつかなくなる。

外国人問題に税金を使うのは嫌だという人は多い。すべて受益者負担で行なえという人もいる。受益者負担の原則は当然あってよいだろう。しかし、外国人が来るのは不可避であるという前提に立ったとき、外国人の教育問題、彼らを受け入れるための環境作りは、社会インフラの整備と言ってよい。これを整えなければ10年後、20年後に大変なことになる。

私は基本的に外国人を受け入れるべきだという意見だが、だからといって誰が来てくれてもかまいませんよというつもりもないし、ある程度コントロールすることは当然必要だと思っている。いっせいに来られてもインフラ整備が追いつかないし、私たちのアイデンティティーも維持できない。

だからこそ、今のうちにやらなければならないのだ。

第7章

10年後の同僚は外国人ばかり？

これから日本に来る外国人は増えるのか、増えないのか。外国人が日本に来るかどうかは、制度の問題だけではないとすでに何度も述べてきた。外国人が来るか来ないか、最大の要素は、この国に経済的に魅力があるかないかである。外国人を入れたくなければ、鎖国でもするか、最貧国になれば見向きもされなくなる。経済的に魅力がなくなれば、外国人はやってはこない。

もしかしたらすでに、日本はそちら側にシフトしつつあるのかもしれない。

外国人が同僚になり、上司になる日

マネージャーとして来てくれと頭を下げたところで、給料が安ければ来るわけがない。プロスポーツの世界をみているとよくわかる。Jリーグにやってくる外国人は、それなりの年俸を提示されている。だから来るのだ。中国リーグに一流選手が移籍するのも、良い条件を提示されるからだ。

もちろん、給料だけではない。そのマーケットにいることで自分をより高く売れるかどうか、ということもある。向上心のある人材は、できるだけ良いマーケットにいたいと思う。働き盛りの一流サッカー選手がなかなかヨーロッパから離れたがらないのは、欧州リーグが最も稼げて、最もレベルの高いリーグだからだ。

前述した創薬会社を経営する友人は、国が絡んだプロジェクトでは必ずと言っていいほど、「オールジャパンでやってくれ」と言われて困惑するという。日本の技術だけで戦っていては、他国がタッグを組んで取り組むプロジェクトに勝てないからだ。彼に言わせれば、日本が生んだiPS細胞の技術も、ここ数年の間、国産化にこだわっているために出遅れつつあるという。オールジャパンを諦めざるを得なかったプロジェクトも少なからずある。

オールジャパンでプロリーグを作っていては、日本サッカーはあれほど成長しなかっただろう。外国人選手を入れたから、これほど成長したのだ。当初は3人しか登録できなかった外国人選手を、今は無制限に登録でき、5人まで出場させることができる。

経済的に成長したければ、多くの外国人が日本で働きたくなるようなマーケットを作らなければならないはずだ。世界のマーケットは急激に一体化しつつある。ヒト・モノ・カネを集めなければ勝ち残ってはいけない。サッカーの世界がそうであったように、間違いなく日本はさらに開国に向けて舵を切らざるを得なくなるだろう。AIやロボットに仕事をとられることを考える前に、外国人が私たちの競争相手になり、同僚になり、上司になることを考えた方がよい。

労働者受け入れの新しい動き

いっこうに進まないようにみえる「特定技能」の採用だが、実は企業には別の動きがある。日経新聞（2019年10月18日「積水ハウスなど、現地に訓練施設　建設・介護受け入れ拡大」）によると、積水ハウスはベトナムのハノイに住宅の建設工事を訓練する施設を開き、技術や日本語の指導をして即戦力として育て、日本に送り込むことを始めたという。大手外食産業も海外に進出し、そこから人を入れることを検討しており、介護の分野などでも同じような動きが進んでいるという。一定の規模以上の企業であれば、それなりの体制を整えて人を入れることができるからだ。

前述したデービッド・アトキンソン氏は、中小企業の多さが日本の賃金の低さの原因であると指摘している。過剰な中小企業保護が、本来なら他企業に吸収されていいレベルの企業を延命させているというのだ。

私は経済学者ではないが、自分自身が中小企業の経営に携わってきたので、この指摘には頷ける部分がある。中小企業の保護自体は必要である。大企業にはできないような、野心的で新たな挑戦をする企業、特殊な技術をもった企業は日本の宝である。しかし、従業員の給料を抑える以外にアイデアが絞り出せないような企業は、延命させる必要などないだろう。人口が減って少ない人数で戦わなければならないのであれば、結束した方がよい。

日経新聞の同じ記事で、大東建託はベトナムからの技能実習生を受け入れているが、ベトナムでの建設需要が拡大して日本で働く応募者が減ってきたため、窓口をインドネシアにも広げたことが紹介されている。お隣りの中国があっという間に日本を追い越したように、他のアジア諸国もそのうち人を受け入れる側に変わっていくかもしれない。

少し変わった動きでは、モスバーガーがベトナムのダナン観光短期大学と「特定技能」の採用に向けて提携した（日経新聞2019年11月3日「モスなど外食、「特定技能」人材を海外で青田買い」）。大卒者であれば「技術・人文知識・国際業務」を考えるところだが、あえて「特定技能」で提携を結んでいる。

記事によると、将来の海外展開に向けての布石となっているが、大卒者で優秀ならマネージメント業務に引き上げ、「技術・人文知識・国際業務」に変更することも考えられる。本来の資格創設意義とは違うので、この変更を認める運用になるかどうかは今後の推移を見守る必要はあるが、拒絶する理由はないはずだ。少なくとも、「難民」や「留学」を利用して就労しようというような悪質性はない（先日、東京入管で確認したところ、「可能」との回答だった）。

もともと日本企業では、大卒者であっても現場からキャリアをスタートさせることが多い。百貨店、アパレル、外食産業はもとより製造業などでもそういう体制をとっている会社は少なくない。そういう意味では、5年間の現場業務を経て、店舗のマネージャーになり、本社で店舗やメニュー開発などのポジションに、とステップアップさせることも可能だろう。

なぜこのように考えるかというと、外国人を「技術・人文知識・国際業務」で採用しようとすると、入管の審査が足かせになることがあるからである。特に、海外から製造業などに就職しようとしたときに、仕事の内容が「技術・人文知識・国際業務」の活動には該当しないと判断され、却下されることがあるのだ。ただでさえ数ヵ月の審査を待たなければならないのに、その結果ビザが下りないとなると、応募者の落胆は想像に難くない。「特定技能」なら、それは回避できる。

この記事では、コメダホールディングスやワタミも同様の動きをしていることにも触れているので、外食産業では今後、こういう手段が増えるかもしれない。

海外に直接人の採用を求める背景には、日本の留学生のなかにはオーバーワークの学生が少なからずおり、彼らの在留資格の変更ができないという背景もあるようだ。

ホワイトカラーの職種にも外国人が進出する

こうした採用方法を見ると、外国人が増えるのはブルーカラーの労働者だけではないだろう。ホワイトカラーの世界でも、徐々にその壁は崩れつつある。

日本国内の需要は、人口減で減っていくだろう。内需だけでは企業規模が確保できないため、外需で補うことになる。政府は外国人観光客を受け入れ、観光立国を目指している。外国人観光客が日本国内で使うお金も、輸出で得るお金と同じである。そこで、外国人観光客に対応するためのスタッフが必要になる。

家電量販店で、少し尋ねたいことがあって声をかけると、相手をしてくれるのは外国人だったりする。少したどたどしいところはあるが、丁寧に対応してくれる。実は、家電量販店の業務も、「技術・人文知識・国際業務」の資格がとれる。同じ小売店でも、飲食店やコンビニは残念ながら難しい。働いている外国人はどちらもアルバイトである。ではどこが違うのかというと、扱っている商品知識の差のようだ。外食産業やコンビニ関係者からみれば納得のいかないところかもしれない。

余談になるが、コンビニでも「店長」なら、「技術・人文知識・国際業務」の資格がとれるという話を聞いたことがある。私は扱ったことがないが、同じ状況で却下された案件について相談を受けたことはある。他の事務所が申請した資料を読ませてもらったところ、「コンビニの業務は単純作業などではない。それなりの知識が必要である」ということが何ページにもわたって詳細に書かれていた。それでも却下されていた。それを再申請できないかという依頼だった。さらに書き加える内容がなくはなかったが、それを書いたからといって審査に通るという約束もできない。そのように説明したところ、その外国人は申請をあきらめた。

話を家電量販店に戻すと、私が扱ったことがある案件は派遣会社からのもので、免税コーナーに派遣をしたいという内容だった。その免税コーナーでは英語能力が求められており、英語が話せるネパール人の申請を行なった。本人と英語で話もしたが、ちゃんと通じるものの、それほど流暢というわけでもなかった。残念なことに、その部署には日本人はほとんどいないという。こういう仕事は、ある程度の日本語さえできれば、今のところ外国人が就ける数少ない業務である。

日本企業は、内需で稼げなければ外へ出るか、インバウンド需要に頼るだろう。そこでは必ず英語が必要になる。これまで取り上げてきた「日本語の壁」があるから安心だと思っていると、今度は逆に「英語の壁」のために、10年後には要職はすべて外国人ということになるかもしれない。

日本が開かれた国であり、経済的に発展している間は、外国人は入ってくる。そして、経済発展をさらに続けたければ、数の上でも技術の上でも外国人材は受け入れざるを得ない。国の思惑がどうであれ、その波はじわじわとすべての職種に及ぶだろう。企業は儲かる方へと合理的な判断をするからだ。

インバウンド需要を取り込もうとしたとき、国内需要の減退を海外進出で補おうとしたとき、日本の若者が減っていくなかで、外国人を採用しようとするのは当然の判断である。

3ヵ国語が求められる時代

すでに外国人が活躍している職場もある。

私はよくソフトウェアやパソコンのコールセンターを利用するのだが、かなりの確率で日本人以外のオペレーターにあたる。航空会社やホテルの予約もそうだ。私自身、コールセンターで仕事をした経験があるのだが、外国人からの問合せは少なくない。英語、中国語、韓国語などを話せる人が必要な時が少なからずあった。

日本のコールセンターは、美しい日本語、正しい日本語を使えることを条件にしてきたが、ある程度の日本語が話せて、的確に情報を伝えてくれるのであれば、私などは少々の発音の差などは受け入れられる。もっとも「日本人を出せ！」と大騒ぎする人もいるかもしれない。実際、コンビニなどでお年寄りがどなりちらしているのを時々見かける。すべての顧客がそうなら別だが、そうではないなら、そういう入電者にはスーパーバイザーが対応すればいいだけだ。コールセンターのオペレーターを外国人でいいと割り切ってしまうと、かなりの流動性が確保できる。例えば、英語が話せるベトナム人のオペレーターがいると、3ヵ国語に対応できることになる。自治体や政府系のコールセンターは今後、外国人採用が増えるかもしれない。外国人に対してもそれなりの情報提供を行なわざるを得ないからだ。

すでに提案したように、外国語対応の原則は日本語と英語で十分と考える。しかし、そのどちらもできて、なおかつ3ヵ国語目が話せるなら、それにこしたことはない。

ちなみに、外国人は公務員にはなれない、すべきではないという意見がある。

裁判でも争われた有名な事件がある。東京都で保健師として働いていた在日韓国人二世が管理職の昇任試験を受けようとしたところ、受験資格の国籍条項を理由に都から受験を拒否され、それを不当だとして国家賠償訴訟を提起したのである。

この判決（最高裁平成17年1月26日）では、「国及び普通地方公共団体による統治の在り方については日本国の統治者としての国民が最終的な責任を負うべき」であり、「原則として日本の国籍を有する者が公権力行使等地方公務員に就任することが想定されている」として、外国人という理由で昇進試験を受けさせないことについては合理性があると判断している。つまり、国にしても地方自治体にしても、日本人自身がその運用に責任があるのだから、日本人が責任ある地位に就くことは当然であると言っている。

だがこの判決は、逆に言えば、外国人が公務員になれないとは言っていない。区役所や市役所の窓口に外国人が配置されることがあっても不思議ではないのだ。少なくとも外注に関しては制限がない。ずいぶん前にマイナンバーカードの問合せをしたときも、発音と名前から判断すると、対応してくれたのは韓国人の方だったと思う。実は東京出入国在留管理局の受付も外注に委託されており、多くの外国人が働いている。われわれの申請を受理してくれているのも外国人である。

パキスタン人が多く住む埼玉県の八潮市や、日系ブラジル人が多く住む浜松市など、外国人が多く住む地域がある。そういう自治体の窓口では、複数言語ができる外国人が活躍するだろう。彼らが外国人だけを相手に対応していては効率が悪いから、当然日本人にも対応することになる。私たちが年金をもらいに手続きに行くと、外国人が対応してくれるなどという時代が、もうそこまで来ているのかもしれない。病院の受付やホテルなどの宿泊業も事情は同じだろう。

日本語と英語は当然できて、なおかつもう1ヵ国語が話せる人は重宝されるはずだ。英語圏以外の外国人にはそういうポテンシャルがある。逆に、日本人はハンディを背負うことになる。すでに取り上げた銀行や公共交通機関など、日本国内で外国人が活躍できる職場はまだまだありそうである。

すでに進んでいる、外国人材の積極的採用活動

日本の大学を卒業した留学生の就職率が36％だという話をしたが、その一方で、外国人を採用する動きはじわじわと進んでいる。

一つは、社内公用語の英語化である。楽天やファーストリテイリングなどが話題になったが、TOEICで800点以上を社員に求めるなど、英語力をスキルとして要求する企業はこれからも増えるだろう。大手企業に勤めたければ、英語が話せなければ相手にされない時代がやってくるかもしれない。

また、一部の日本企業は海外で青田買いを始めている。いちばん大きなマーケットは韓国だ。2019年7月、グローバルな採用支援を行なうフォースバレー・コンシェルジュ株式会社が、

将来日本で就労する人材を創出するために、韓国の永進専門大学校に注文式日本就職プログラム「Connect Job クラス」を開講したというニュースが流れた。日本企業がどのような人材を必要としているかを調べるのではなく、数年後の需要を企業から受注して、その要望に合わせた人材を韓国で育てるという。いわば「国境を越えた青田買い」が始まっているのだ。

韓国ばかりではない。他のアジア諸国からも新卒者の採用が進んでいる。ベトナムでは、半導体の製造設備メーカー、ジャパンマテリアルがハノイ工科大学などの学生確保に動いているという。

もしかすると、外国人材の活用などという話は、理系ではすでに時代遅れなのかもしれない。第4章で日本企業はＩＴエンジニアの世界でも日本語のＮ２を求めているという話を紹介したが、一方で日本語はいらないという開発企業もまだ少ないながらあるのだ。この傾向は確実に広がっていくだろう。

エンジニアは特殊な世界だと言うかもしれないが、一般の新卒社員を海外に求める採用も実は始まっている。ソウルでは、日本企業への就職を目指す韓国人求職者を対象にした「日本就業博覧会」が開かれている。主催者の発表によると、１０００人以上の求職者が駆けつけたという（２０１８年11月）。

日本国内でも留学生の就職支援が本格化している。石川県では、ベトナムの理系大学生を採用する企業の支援を始めた。日本への留学生ではなく、ホーチミン工科大学などベトナムの理系大学の学生を対象に選考会を開き、日本国内でも日本語や生活の支援を行なうという（北日本新聞2019年10月5日）。

外国人専門の有料職業紹介なども増え始めている。私のクライアントだけでも数社あり、国内の留学生にかぎらず海外の提携会社からの紹介を積極的に行なう会社も増えている。今後、日本企業が随時採用やインターン制度の採用を進めていけば、私が相談を受けたインド人の青年のような苦労は減っていくだろう。

確実にやってくる、上司が外国人になる日

彼らが10年後、マネージャー職に就いた時、私たち日本人の立場はどうなるのだろうか。外国人、特に開発途上国からやってくる外国人は、日本人よりがんばるし、仕事のクラスを一つ下げても日本に来たいという学生がまだまだいる。そして、彼らは優秀である。いろいろなスキルを比較しても、勝てるのは日本語だけかもしれない。

ある工場では、現場の旋盤工のつもりで雇用した難民申請者が、海外からの注文をさばくキ

ーパーソンになっている。海外からの注文、スペックはすべて英語である。日本人の担当者は、わからないことがあると、彼に頭を下げてお客に確認をしてもらわないと、現場への指示すら出せないのだ。

外国人が普通に上司になる日は、すぐそこまで来ている。

外国人を使えなければ仕事にならない

これからのマネージャーは、外国人を使えなければ職を失うかもしれない。人をうまく使えないマネージャーは能力不足と判断されるのは当然のことだが、「人」には当然ながら外国人も含まれる。ラーメン屋さんや居酒屋ではすでに多くの外国人が働いている。彼らを頭ごなしにどなりつけている店長と、彼らのモチベーションを上げる努力をする店長と、どちらが実績を上げるか、明らかだろう。

外国人を部下に持つマネージャーは、大手企業では英語で指示が出せなければならないだろうし、日本語でコミュニケーションをとる企業にあっては、彼らに伝わる日本語を身につける必要がある。日本人独特の言い回しを回避することも、職場などでは重要だろう。

先に紹介した『異文化理解の問題地図』の著者である千葉祐大氏は、外国人と話す時は、「言葉の量は五割増しで」「はっきり、具体的に、細かく」話せという。外国人を部下に持つ人たちは、今後このようなトレーニングも必要だろう。外国人にかぎらず、人と仲良くなるには、一緒に仕事をし、目的を達成するのがいちばんだ。一緒に汗をかけば、途中でわだかまりがあっても認め合うことができる。そのためにも、職場における日本語は重要だ。

日本語だけの問題で彼らを無能扱いしていると、他のスキルで追い抜かれ、追い越されて彼らが上司になった時、痛い思いをすることになる。引退して、第二の人生を歩もうと就職活動をしていたら、採用担当はかつてアルバイトをしていた外国人だった、というようなこともあるかもしれない。

優秀な人材であれば、日本人だろうが外国人だろうが関係なく使う時代に向かっていることは間違いないのだ。サッカーがプロ化して、Jリーグに外国人選手がたくさん入ってきた。そうして日本代表はワールドカップの常連になった。そうならなければ、日本という市場は生き残れないのだ。外国人との競争のなかで日本の若者たちが実力をつけ、国を発展させてくれるのである。

「出稼ぎ労働者」でなく「定住者」とその家族を受け入れた方がいい理由

最後にもう一度、移民について考えてみたいと思う。

出稼ぎ労働者の受け入れは、労働力不足を補う以外の効果はなく、人口減の問題への貢献はほとんどない。

少子化は簡単には解決しそうもない。効果的な政策が打てたとしても、多少上向くことはあっても根本的な解決である出生率2・0はほど遠いだろう。しかも、人口減はすでに始まっている。出生率2・0では足りないはずである。

労働者の受け入れ施策をみてもわかるように、外国人が定住することについて、わが国は積極的ではない。しかし、これまでも度々触れてきたように、外国人を5年単位で帰国させていては、常に日本の生活になじまない外国人ばかりがいることになる。当然、その度に情報を提供し、理解を求めなければならない。これは新入社員の育成と同じで、その度に余計な費用がかかることになる。

また、家族滞在を認めない場合、彼らが稼いだお金の大半は国内では消費されず、本国へ送られる。これはＡＩやロボットで労働力を補った場合も同じである。ＡＩやロボットはある分野の仕事をもっていってしまうかもしれないが、いずれは他の仕事ができてくる。産業革命以後、合理化が進んだが、人間の仕事はなくなっていない。内容が変わっているだけである。

特定の仕事しかできない外国人をたくさん入れると、その仕事で人が余ってきたらその都度、帰国させなければならなくなる。そして、また別の職種の外国人を入れることになるわけだが、はたしてそんなに都合よく人が集まるものか。アジア諸国は急速に成長している。非常に近い将来、人の取り合いになる可能性がある。いや、すでにそうなりつつある。

それを考えると、35万人の出稼ぎ労働者を受け入れるより、同じ数の定住者とその家族を受け入れた方が、はるかに効率がいいし、税の担い手、社会保障の担い手にもなる。

問題は、そのような状況のなかで、私たちが考えている「日本らしさ」をどこまで維持できるかだろう。そのためのコストは、出稼ぎ労働者をたくさん入れた場合でも、定住者を増やした場合でも、それほど変わらないはずだ。むしろ定住者を増やした方が、人が入れ替わらない分、少なくなるのではないか。

「永住」より「帰化」を促す施策を

定住、つまり「移民」としてこの国で生活していく手段としては、「永住」と「帰化」の二つの方法がある。すでにご紹介したように、法律の外観上は帰化の方が易しくみえるが、実際の審査は帰化の方が難しいかもしれない。私は、「永住」より「帰化」を増やす方向がいいのではないかと考えている。

日本の「帰化」の難易度の高さを、ヨーロッパの保守はうらやましがる。フランスの極右政党、国民連合の党首ルペンは、「日本とスイスの国籍法は完全にわれわれの考えと一致する」と言っている。日本の国籍取得は原則、血統主義なので、出生によるか帰化によるしか事実上ない。出生地主義をとるのは、両親とも不明な場合くらいである。

しかし、日本には多くの「永住者」がおり、彼らに選挙権はないが、それ以外は日本国民とほぼ同等の権利がある。現行の永住基準には、年金制度の点などでまだまだ問題があるのではないかという話をした。だが、私は永住基準と同等に「帰化」の審査を緩めればいいと言っているわけではない。帰化審査をそのままにして、永住審査をさらに厳しくする方が、帰化を選ぶ人が増える可能性があると言いたいのである。

帰化した瞬間に彼らは日本人であり、日本人と同じように義務を果たさなければいけなくなるし、独自の民族教育だけでなく日本人の教育を受けさせることができる。日本らしさを維持していくためには、出稼ぎ労働者や外国人のまま永住する人たちを増やすより効果的ではないだろうか。

もちろん、ただ帰化の募集をしても、滞在期間など難しい面がある。だが、例えば「特定技能1号」の上限を5年ではなく6年にすれば、帰化申請の条件にあてはまる。制度上からも帰化を促す方法はいろいろ考えられるだろう。

難民の受け入れについて思うこと

もっとも効果的な方法は、難民の受け入れではないかと思う。ヨーロッパのように自動的に国籍を与えるのではなく、帰化申請をさせることで国籍を付与する方法である。

難民についてはネガティブな印象が強い。多くの人は「危険な外国人」という印象があるのかもしれないが、彼らはたんに国から逃げてきた人たちである。

日本も難民を受け入れた時期がある。１９７０年代、ベトナム、ラオス、カンボジアなどが社会主義化するときに迫害を受けたと言われるインドネシア難民、いわゆるボートピープルである。その後、それらの国の政情は安定したが、１０００人以上が帰化して日本に留まっている。

ただ、難民受け入れに関して最大の問題は、いま日本にいる難民申請者には圧倒的に偽装難民が多いという事実である。

例えば、私のところに相談に来る難民申請者がざっと１００人いるとしよう。そのうち90人は問答無用で偽装難民である。彼らには一度帰ってもらうしかないし、まずそれを勧める。可能性がなくてもいいから他の在留資格に申請してみたいという外国人もいるが、お金の無駄でしかない。いったん帰国させても、一度「偽装難民」のレッテルを貼られると、次に他の申請をしても虚偽ではないかと疑われ、入管もかなり細かく審査する。ただ、これは自業自得なので仕方がない。

次に、本人は難民と信じてやってきているが、難民条約上の「難民」にはあたらないケースで、これが９人。そのうち借金の返済ができずに命を狙われたなど自業自得と思われるケースが５人くらい。残りの４人は「本人には責任はないな」と思われるケース。

私が「この人は難民条約上の難民として扱ってもいいんじゃないか」と思った人は、１人か

2人しかない。

以上は私のところにやってきた外国人からの印象でしかないので、サンプルにはなりえない。だが、1人か2人とはいえ、そういうケースにあたったことを考えると、少なくとも日本の難民認定率である0・2%ということはないのではないかと思う。

なぜそうなるのかというと、難民認定を受けるための証明は本人がしなければならないが、実際には立証資料をもって逃げてきてはいないので、立証できないケースが多いこと。それに、偽装難民が多すぎることが審査に悪い影響を与えているのではないかと思われる。

しかし最大の理由は、難民を受け入れようという意思の問題である。ドイツは移民を積極的に受け入れることで人口減を補っている。難民もその一部である。難民を年15万人近く認定しているのも、移民政策の一つだからだろう（それを問題視する声もあるし、分断もあるが）。労働者という位置付けからみれば、「難民」も「特定技能」の外国人も同じである。年に15万人も受け入れるのはいかがなものかと思うが、私が実感している1~2%、つまり2000~3000人の受け入れを10年続けても、2万~3万人程度しか外国人は増えない。そのうちの何割かは帰化するだろう。日系人のときはわずか数年で30万人を受け入れたのだ。

最大受け入れ数を決め、それ以上は受け入れないという方法もある。日本は難民条約を批准しているので、法律で受け入れ数を制限することは難しいが、審査の運用を緩和して調整することは可能だろう。

ピンポイントで厳密に審査をすることは原則としては正しいが、それだけにこだわって、将来、労働者・消費者となるかもしれない外国人を追い返すのは、外国人受け入れ政策としてはかなり効率の悪い方法だ。難民問題は人権問題であり、人口問題や外国人受け入れ政策と一緒にするなという考え方もあるだろう。しかし、技能実習では国際貢献の名の下に労働力を確保してきた。「日本は難民を受け入れない」という非難も避けられ、経済的にプラスになるのであれば、それほど杓子定規に考えなくてもよいのではないだろうか。

外国人が私たちの国の一員になる

外国人問題はいろいろな視点から見ることができるが、はっきり言えることは、経済面からみれば受け入れる方が得策だし、わが国が豊かであれば外国人は増えるということだ。逆に、ヒト・モノ・カネが入ってこなければ競争力は衰退する。

外国人を受け入れない努力をするより、どう受け入れるか、どのように私たちの国の一員になってもらうかを、真剣に考える時ではないだろうか。

あとがき

日本人とはなんだろう?

30年前であれば、そんなことを考える必要はなかっただろう。しかし現在、日本には多くの外国人がいて、外国にルーツをもつ多くの日本人がいる。

ラグビーのワールドカップでは、外国にルーツをもつ日本人に加え、外国籍の選手も桜のジャージを着て君が代を歌った。それを見て多くの日本人は感動したが、あんなのはインチキだと言う人もいた。「帰化すれば日本人だ」と言う人もいれば、帰化した人でも外国人扱いする人もいる。

私はサッカーが好きで、大学が名古屋だったこともあり、名古屋グランパスの試合をよく見に行った。最盛期には「外国人選手ばかりだ」という観客の声が聞こえてくることがあった。当時、三都主アレサンドロと田中マルクス闘莉王という日本に帰化した選手が二人いたため、外国人が多くいるようにみえたのだ。だが、二人とも日本代表のユニフォームを着て、ワールドカップで戦った選手である。

帰化したにもかかわらず、日本人扱いされない日本人は多い。著名人ですらそうだ。まして、私たちの周りにいる外国出身の日本人は大変な苦労をしている。

「『パキスタン系日本人』の私が、職務質問のたびに感じる『悔しさ』」（現代ビジネス　2019年11月1日）という記事があった。両親がパキスタン人なので外見はまったくの外国人であり、いまだに警察から在留カードを見せろと言われるという。持ってないと言うと、「パスポートを見せろ」と言われる。普通の日本人なら、当然パスポートなど持って歩かない。最後には逮捕もちらつかせながら「帰化したら在留カードを持たなくていいのか」とまで言われたと、悔しさを綴っている。

公の機関である警察ですら、この無理解である。しかし、これからはこういう日本人が増えていく。彼は在日パキスタン人ではなく「パキスタン系日本人」なのだ。私のクライアントにも、すでに帰化した元外国人が多くいる。彼らは、「中国系」であり「韓国系」であり「フィリピン系」かもしれないが、紛れもなく「日本人」のはずである。

日本人の83%が、次に生まれるときも日本人でいたいと思っているという統計がある。日本にいる外国人の多くも、同じように日本が好きだ。以前、浅草にあったネパール料理店の店長は、腕のいいコックで、日本に来る前はカタールで働いていた。日本でレストラン数店舗を経営するネパール人の社長から「日本で働かないか」と誘われたが、当初は日本にさほど良いイメージはなかったという。だから数年稼ぐだけのつもりで来日した。ところが、日本で働いた5年の間に浅草に溶け込み、三社祭の神輿の前で何十人もの日本人と撮った写真を今でも大事にしている。

外国人がこの国を好きになって帰るか、二度と来ないと思って帰るかは、言語の問題も含めた私たちの取り組みにかかっている。二度と来ないと思って帰国した外国人が増えれば、日本は選ばれなくなるだろう。日本を好きになって帰国した外国人が増えれば、それは国益にもかなう。安全保障の面でも貢献するだろう。

外国人を受け入れるとヨーロッパのように分断が起こるといって反対するのは簡単だ。だが、世界がどんどん小さくなっている今、外国人が増えるのは避けられない。ヒト・モノ・カネのうちヒトだけ動かないなどということはありえない。この国が豊かで、国を閉ざさないかぎり、外国人は入ってくる。事実、いびつな形ではあるが、日本にはこれだけの外国人がいるのだ。そもそも門を閉ざして成長した国などあったのだろうか。

次の世代で分断を生まないためにも、「良い外国人」を「悪い外国人」にしないためにも、彼らが「良い日本人」になるためにも、厳しい入管行政だけではなく、外国人の法的地位の安定、異質なものを受け入れる努力、そして私たちを理解してもらう努力が必要だろう。「桜のジャージを着たい」と思う外国人を増やさなければいけない。
同化政策など無理だとしても、「良い外国人」を増やし、「悪い外国人」を極力減らすには、彼らが私たちの仲間として、日本の国の力になってくれるような受け入れ方ができるかどうか、彼らにこの国の良さを理解してもらえるかどうかにかかっている。そのためには、ただ相手を尊重しているだけではなく、私たちからももっと多くの情報発信をすべきなのだ。

長い間、日本は人手不足の対応のため、ごまかしながら外国人を受け入れてきた。その法整備を、今ようやく始めたところだ。これからは、さらに踏み込んだ対応が必要になるだろう。まだまだ多くの面で変えていかなければならないことがたくさんある。私たちは変わっていかなければならない。動物も、人も、企業も、国家も、時代と環境の変化に対応できなければ生き残ってはいけない。それを柔軟にしてきたからこそ、この国は何世紀も続いている。

私自身、この本を書き始めたときには、入管法の面からのみ外国人をみていた。執筆する過程で多くの資料を読み、いろいろな人の意見を聞いているうちに、考えが変わったところもある。ＥＤＡＳの田村拓氏からは多くの刺激をいただいた。TNAX Biopharma株式会社のＣＥＯとして活躍されている向平隆博氏との飲みながらの情報交換は大変楽しく、自分の意見を整理するのに役立った。

もしかしたら5年後、まったく違う意見になっているかもしれないが、一つだけ変わらないと言い切れることがある。技能実習制度の一部で起こっているような圧迫や搾取は、絶対にあってはならないということだ。

「在留する他国の者を圧迫したり、虐げたりしてはならない」（出エジプト記）

細井 聡

2020年2月

［著者略歴］

細井 聡（ほそい・さとし）

1957年生。東京都出身。南山大学独文科卒。

さまざまな国のさまざまな外国人を受け入れ、彼らの就職や起業などの支援に携わり、現場の最前線で業務に当たっている行政書士（大江戸国際行政書士事務所）。大学卒業後、大手電器メーカーにて飲料メーカーへの販売促進業務に携わり10年勤務。1990年、起業して長年の夢であった音楽業界へ進出。音楽書籍の企画制作販売、海外アーティストのCD制作や招聘などを手掛ける。2010年リタイヤ。

2011年、東京電力福島原子力発電所のコールセンターにて賠償業務に携わることとなり、事業賠償の責任者として勤務。すぐに法律の重要性を思い知り、行政書士資格を取得、現事務所開業に至る。主業務は、企業からの依頼による外国人の在留資格取得業務、外国人の日本での起業支援、そしてこれらに伴う許認可、契約書等の作成。著作権が含まれる契約書を得意としている。ビザ免除国ではない国の人のビザ申請も引き受けている。

https://edopolis.jp

同《どう》僚《りょう》は外《がい》国《こく》人《じん》。

10年後《ねんご》、ニッポンの職場《しょくば》はどう変《か》わる!?

2020年4月1日　初版発行

著　　者　細井 聡

発 行 者　小林圭太

発 行 所　株式会社CCCメディアハウス

〒141-8205
東京都品川区上大崎3丁目1番1号
☎03-5436-5721（販売）
☎03-5436-5735（編集）
http://books.cccmh.co.jp

印刷・製本　株式会社新藤慶昌堂

ISBN978-4-484-20209-9